CHEF OROPEZA

MOVIMIENTO AL NATURAL

SABORES AUTÉNTICOS

CHEF OROPEZA

Recetas saludables

Grijalbo

El material presente en este libro tiene fines meramente informativos y de ningún modo sustituye las recomendaciones y cuidados de su médico. Al igual que con otros regímenes de pérdida o control de peso, el programa nutricional descrito en este libro debe seguirse después de consultar a un médico para asegurarse de que sea apropiado para sus circunstancias individuales. Tenga en mente que las necesidades nutricionales varían de persona a persona, dependiendo de la edad, el sexo, el estado de salud y la dieta total. El autor y la editorial no se hacen responsables de cualquier efecto adverso que ocurra como consecuencia del uso o la aplicación de la información contenida en este libro.

Movimiento al natural

Primera edición: julio de 2017

www.megustaleerenespanol.com

ISBN: 978-1-945540-44-8

Impreso en Estados Unidos – *Printed in USA*

Penguin
Random House
Grupo Editorial

ÍNDICE

Movimiento Al Natural es un espacio que reúne recetas saludables sin sacrificar el sabor y los mejores tips de una comunidad compuesta por 700 mil personas con un objetivo en común: transformar sus vidas por medio de la comida, el ejercicio y un estilo de vida saludable.

En este libro te contaré cómo se originó Movimiento al Natural que, desde sus inicios, ha sido apoyado por expertos en diferentes disciplinas. También te compartiré una selección de recetas elaboradas a partir de las tendencias alimentarias más solicitadas de la actualidad y deliciosos platillos con ingredientes a la medida de tus necesidades.

Uno de los grandes aciertos de este Movimiento es compartir con los miembros de nuestra comunidad herramientas versátiles que los impulsan a lograr sus objetivos. Esto ha sido posible debido a que estamos convencidos de que cada organismo es diferente y requiere de un tipo de alimentación en particular, de acuerdo a las creencias, necesidades, edad, estado de salud, intereses y metas de cada individuo.

Movimiento al Natural es también incluyente y nunca estandarizará una sola vía para convencerte de llegar a tu meta, simplemente porque sabemos que tú eres la única persona que sabe exactamente lo que requieres para alcanzarla; siempre con la confianza de poder contar con esta plataforma confiable y efectiva en el momento que la necesites.

Si tú también piensas que la comida, el ejercicio y un estilo de vida saludable pueden transformar tu vida, ¡únete y comparte!

Te estamos esperando,

Chef Alfredo Oropeza

¿Qué es?

Un Movimiento que busca provocar e inspirar un cambio positivo en las personas que forman parte de éste, basado en tres principios básicos: comer saludable, hacer ejercicio y consumir productos locales.

¿ Para qué surge?

Para motivar a otros a que la alimentación tiene un gran impacto en la salud. También para impulsar el crecimiento económico de los productores locales y destacar los alimentos provenientes del interior del país.

¿ En dónde vive?

Por medio de este sitio **www. movimientoalnatural.com.mx** te mantendrás informado sobre nuestras acciones y podrás compartir tus tips de salud y bienestar para que otras personas los consulten.

REDES SOCIALES

En solo un año, **cientos de miles de personas** se han acercado al Movimiento. Actualmente, nos siguen en Estados Unidos, Argentina, España, Colombia, Chile, México y Venezuela.

En esta aplicación podrás encontrar recetas y contenido personalizado, que te ayudará a vivir al natural.

Por medio de esta novedosa propuesta inspiramos a la comunidad hispana.

Un programa de TV transmitido por

BBC
entertainment

en México, Centro y Sudamérica, y en la señal estadounidense.

¿Qué hay en el sitio?

www.movimientoalnatural.com.mx

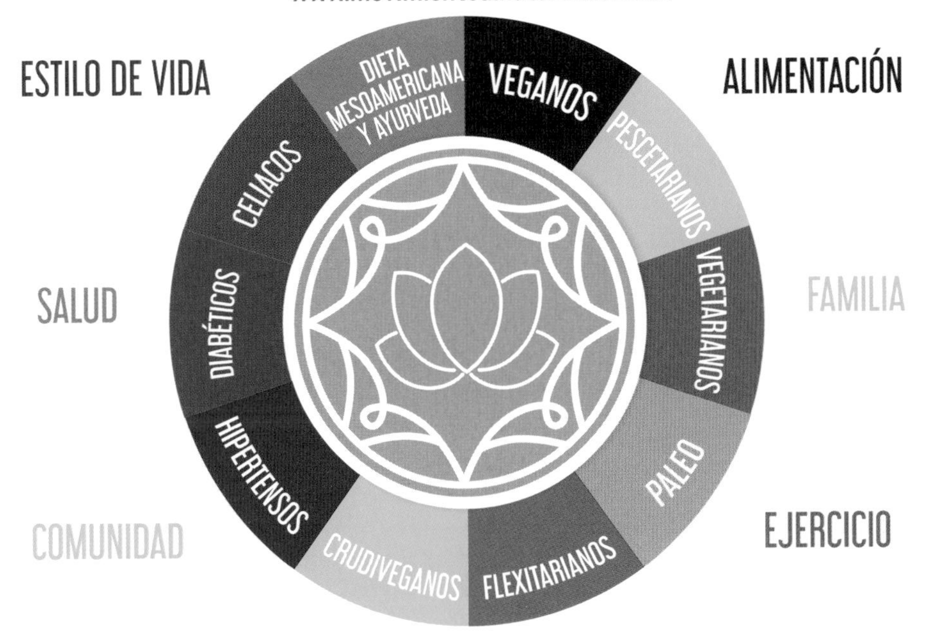

Este Movimiento está compuesto por expertos en áreas de la salud, alimentación y *fitness*. Quienes, desde el inicio, nos han compartido sus experiencias y conocimientos.

¡Súmate al Movimiento!

Regístrate en nuestro sitio o forma parte de nuestra comunidad digital y comparte tu forma de vivir al natural.

Invita e inspira a otros a llevar una vida saludable.

www.movimientoalnatural.com.mx

 @mov_alnatural

 /movimientoalnatural

 movimiento_alnatural

¿Quiénes somos?

60% 40%

EDADES

18 - 24	15%
25 - 34	27%
35 - 44	26%
45 - 54	15%
55 - 64	13%
65 +	4%

PILARES DEL MOVIMIENTO

COME SALUDABLE

Las recetas que compartimos contigo en este libro han sido elaboradas con ingredientes altos en nutrimentos y mucho sabor. Comer saludable es disfrutar de alimentos deliciosos que, al mismo tiempo de consentir el paladar, le dan a nuestro organismo las herramientas necesarias para mantenerse fuerte. Somos conscientes de que la acertada combinación de ingredientes y las porciones adecuadas son clave para vivir y sentirnos mejor.

HAZ EJERCICIO

Este Movimiento se mantiene con un ritmo saludable que solo el ejercicio puede dar. Sabemos que una mente ágil, sana y positiva solo puede convivir en un cuerpo con las mismas cualidades. El ejercicio es parte esencial de nuestra rutina diaria y, a través de él, desafiamos nuestros propios límites.

Cuida tu cuerpo

VIVE AL NATURAL

Este Movimiento es un vehículo para que te acerques a mùltiples tendencias de alimentación y promover sus beneficios. Cuando vivimos al natural optamos por los ingredientes frescos y sanadores. Reconocemos las virtudes de los cultivos nacionales, de los frutos y de los vegetales libres de tóxicos; de la importante producción impulsada por un país como México, en el que nuestra gastronomía es eje de tradiciones, convivio y cultura.

Estómago
Recibe al alimento, lo mezcla y produce ácidos y secreta enzimas que lo deshacen. En el estómago, el alimento adquiere una forma líquida o pastosa.

Esófago
Es un tubo muscular que, a través de contracciones, lleva el alimento hasta el estómago.

Nariz
Percibe el olor de los alimentos y manda una señal al cerebro.

Lengua
Junto con la nariz, son los responsables de detectar el sabor. La lengua empuja al alimento hacia la garganta.

Páncreas
Produce enzimas que envía al intestino delgado y que se encargan de descomponer los alimentos en grasas, carbohidratos y proteínas.

Neuronas
Reciben nutrientes provenientes de la comida, tales como el calcio, mineral que participa en la actividad nerviosa del cerebro.

Boca
Los dientes rompen el alimento en fragmentos. La saliva lo prepara para que viaje por el organismo.

Intestino grueso
El desperdicio del alimento que se consumió pasa por el intestino grueso gracias a que éste se contrae. En este sitio el líquido es removido del desperdicio y queda una masa sólida (las heces), que permanece en este lugar hasta que el colon está lleno y lo elimina a través del recto.

Garganta

o faringe. Es el tubo a través del cual la comida viaja desde la boca hacia el esófago.

Intestino delgado

Este órgano continúa descomponiendo el alimento a través de enzimas producidas por el páncreas y el hígado.

Vesícula biliar

Recibe la bilis producida por el hígado cuando comemos y la envía al intestino delgado.

CÉLULAS

Son las responsables de los procesos metabólicos:

• METABOLISMO CONSTRUCTIVO

Construye tejidos corporales y crea reservas de energía a partir de los nutrientes recibidos gracias al alimento.

• METABOLISMO DESTRUCTIVO

Descompone tejidos o reservas de energía para tomar el combustible necesario para que el cuerpo realice sus actividades.

Hígado

Produce y secreta bilis (que contribuye a que se absorban mejor las grasas) y purifica la sangre.

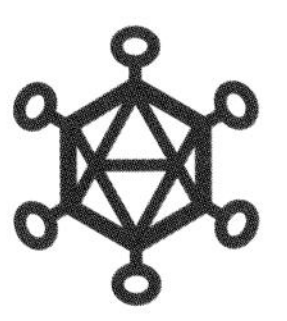

Tiroides

La tiroxina, una hormona producida por la tiroides, determina la velocidad con la que se llevan a cabo los procesos metabólicos.

Cerebro

Libera dopaminas, lo cual nos produce el mismo placer que experimentaríamos con el consumo de ciertas drogas.

Sangre

Absorbe los nutrientes que se encuentran en el intestino delgado. Gracias a ello, la glucosa, por ejemplo, se encuentra disponible para las células del organismo como una reserva energética. La sangre también es el vehículo que conduce ciertos nutrientes a los sitios en los que se necesitan.

Músculos

Obtiene nutrientes, como la glucosa, que le ayudan a contraerse y estimularse de manera óptima.

Pulmones

El cuerpo necesita 15 veces más oxígeno cuando hacemos ejercicio. Por ello respiramos con mayor dificultad y más rápidamente.

Cara

Los vasos capilares de la piel se dilatan para liberar calor. A algunas personas este proceso les provoca el enrojecimiento de la piel de la cara.

Estómago e intestinos

El organismo le quita sangre a los órganos que no son tan necesarios en el proceso de ejercitarnos. Éste es el caso del estómago y los intestinos.

¿Qué le pasa a mi cuerpo cuando hago ejercicio?

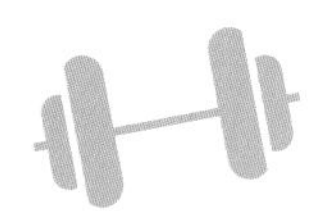

Corazón

La frecuencia cardiaca aumenta pues el organismo tiene que producir más oxígeno a través de la sangre. Se generan nuevos vasos sanguíneos. Esto ayuda a que la presión sanguínea de la gente que hace deporte sea menor.

Glándula pituitaria

Produce la hormona del crecimiento. Cuando el organismo busca energía puede tomarla del músculo o de la grasa, pero la hormona del crecimiento protege al músculo y obliga al organismo a tomarla de la grasa.

Glándulas suprarrenales

Liberan cortisol, que ayuda a que el cuerpo convierta sus reservas de energía en combustible, y también adrenalina, que hace que el corazón lata más rápido y que el flujo sanguíneo se acelere.

Articulaciones

Cuando hacemos ejercicio normalmente las coyunturas soportan cinco o seis veces más el peso de nuestro cuerpo. Con el tiempo, y cuando se practica ejercicio con frecuencia, el cartílago de nuestras articulaciones sufre un desgaste y, en consecuencia, las lesiones son más frecuentes.

CEREBRO

El cerebro también libera endorfinas, glutamato y dopamina, lo cual nos hace sentir placer y satisfacción.

Músculos

Cuando comienzan a trabajar le piden al organismo glucosa para moverse, contraerse y estimularse. Si las reservas se terminan, el cuerpo genera más oxígeno, lo cual provoca que produzcamos ácido láctico. Al terminar nuestra actividad física, unas gotitas de ácido láctico permanecen en los músculos; éstas los ayudan a crecer y son las que nos hacen sentir adoloridos al día siguiente.

Con el aumento del flujo sanguíneo, las células cerebrales funcionan a un mayor nivel con el propósito de mantenernos alertas, concentrados y despiertos.

El hipotálamo es responsable de la temperatura del cuerpo. Cuando ésta aumenta con la actividad física, éste le ordena a la piel producir sudor para refrescar al cuerpo.

Riñones

Filtran la sangre diferente cuando hacemos ejercicio, por ejemplo, permite que pase una mayor cantidad de proteínas a la orina. También permite que se absorba mejor el agua y se orine menos, esto con el fin de mantener el cuerpo hidratado.

Si haces ejercicio de manera frecuente, el cerebro se acostumbra a este aumento de flujo sanguíneo y se adapta apagando o prendiendo ciertos genes, lo cual puede disminuir el riesgo de sufrir enfermedades como el Alzheimer, el Parkinson o males como los derrames cerebrales.

ALIMENTOS *Fáciles* DE CULTIVAR EN CASA

3 PLANTAS QUE CUIDARÁN TU MESA DE CULTIVO

Caléndula: Tiene pequeñas florecitas que atraen a las abejas, las cuales son muy importantes en la polinización y en el crecimiento de tu huerto.

Albahaca: Le repugna a algunas plagas y le da un olor exquisito a tu mesa de cultivo.

Tajetes: Sus raíces ahuyentan a algunos bichos dañinos y atrae a insectos polinizadores.

CUIDA TU HUERTO

- Reserva 10 minutos de tu día para observar con detenimiento tu huerto, así podrás notar cualquier problema.
- Añade composta a la tierra. Mientras más plantas tengas, más nutrientes absorberán.
- Mantente alerta de las plagas. Podrían aparecen hongos, nematodos o insectos; combátelos con un tratamiento ecológico.

LECHUGA

• Elige un periodo húmedo para sembrarla.
• Debe haber una separación aproximada de 8 pulgadas entre una y otra.
• Se recomienda comer las hojas tiernas para que no sepan amargas.

LIMÓN

• Para cultivar limón es necesario que compres un limonero enano de dos o tres años.
• Colócalo en una maceta de cerámica o barro con perforaciones abajo.
• Este árbol debe recibir sol entre 8 y 12 horas; asegúrate de que reciba aire también.

ESPINACAS

• Siembra las semillas a 1 pulgada de profundidad.
• Si usas un macetero esparce la semilla por toda la superficie.
• Aunque puede estar en la sombra, tolera el calor mientras no sea excesivo.
• Riégalo cada vez que la tierra se vaya a secar; evita encharcarlo.

TOMATE CHERRY

• Siémbralo en maceta o en una mesa.
• Deberá darle el sol al menos por seis horas diario.
• Riégalo regularmente y ponle abono cada 15 días.

PIMIENTO

• Ponlo en un lugar soleado y asegúrate de que la tierra siempre esté húmeda.
• Al regarlo, evita mojar los frutos, pues podrían pudrirse.

MENTA

• Puedes estar entre el sol y la sombra.
• Crece mucho.
• Siémbralo en una maceta para que no interfiera con el crecimiento de otras plantas.

CEBOLLÍN

• Resiste bien el calor e incluso la sequía, aunque crecerá más en un suelo húmedo.
• Pódalo de vez en cuando para estimular el crecimiento.
• Como se comen sus hojas, no utilices pesticidas.

ZANAHORIA

• La semilla debe sembrarse en un suelo muy húmedo para que germine.
• Déjala en un sitio en el que le dé el sol el mayor tiempo posible.
• La tierra siempre debe estar húmeda y esta humedad debe llegar a la parte más profunda de la mesa o maceta.

CILANTRO

• Aléjalo del sol durante las horas más calurosas.
• Siémbralo solo.
• Lo mejor es que lo podes constantemente.

GUÍA BÁSICA *para crear* TU PROPIO HUERTO

En un ambiente urbano es posible obtener productos saludables, frescos y nutritivos. Llévalos hasta tu mesa siguiendo estos sencillos pasos.

PASO UNO
ELECCIÓN DE LUGAR Y TIPO DE SEMILLAS

• Elige el sitio más soleado de tu jardín. Debe tener forma rectangular o cuadrada con espacio suficiente. Así podrás desplazarte para ablandar la tierra.
• Agrega tierra de hoja y composta. La capa debe tener de 1 a 4 pulgadas de alto.
• La semilla no puede estar tan profunda. Es necesario mantener una distancia para que puedan germinar sin restar agua y nutrientes a otros cultivos.
• En la tarde o noche debes regar para aprovechar mejor el agua.

PASO DOS
PREPARA LA TIERRA

• Debe tener buenos nutrimentos y un efectivo drenaje.
• Se recomienda elegir una tierra poco arcillosa
y capaz de retener el agua.
• Para identificarla, toma un puñado de tierra y apriétala. Cuando la abras debes encontrar una masa compacta de tierra pero que se deshaga fácilmente.

PASO TRES
CÓMO COMBINAR LAS PLANTAS

• Hay plantas que juntas se ayudan en su crecimiento al protegerse contra las plagas. Y además de generar abundancia es positivo para el suelo. Por eso es importante saber mezclar y evitar un monocultivo.
• Jitomate, albahaca, lechuga, cebolla, ajo y orégano integran una de las asociaciones benéficas en este punto de la biodiversidad.
• Otra combinación estupenda está formada por cebolla, ajo, poro (puerro), orégano, menta, tomillo y hierbas medicinales.

PASO CUATRO
COMPOSTA: TODO AL NATURAL

• La base es la composta, un abono orgánico formado por residuos de frutas y vegetales.
• En un recipiente con tapa perforada se introduce la mezcla cubriéndola de tierra al tiempo de ventilarla para evitar que se compacte.
• El proceso tarda de 2 a 5 meses para que los materiales se desintegren. Lucirá como una esponja húmeda, color marrón oscuro.

PASO FINAL
¡CON TODO A TU FAVOR!

Bajo costo, corto plazo y cosecha durante todo el año, estos son solo algunos de los factores que deberás tener en cuenta para iniciar. Acelga, ajo, rábano, lechuga y cebolla son algunas de las opciones indispensables para obtener resultados que te motivarán a continuar.

¿Qué es una mesa de cultivo?

Representa una solución práctica y limpia. Es cómoda gracias a su altura para sembrar y puede tener diferentes cavidades para sembrar dependiendo el producto y tipo de sustrato. Pueden ser de madera o metal y la mayoría están diseñadas para distintos espacios.

AGRICULTURA FAMILIAR

Qué es y por qué decir sí a esta práctica

• La agricultura familiar es la forma de agricultura predominante en países desarrollados y en desarrollo.

• Existen poco más de 500 millones de explotaciones agrícolas familiares en el mundo.

• Los agricultores familiares abarcan desde pequeños productores hasta agricultores de mediana escala. Estos comprenden campesinos, pueblos indígenas, comunidades tradicionales, pescadores, agricultores de zonas montañosas, pastoriles y muchos otros que representan a todas las regiones y biomas (zonas bioclimáticas) del mundo.

• Ellos gestionan sistemas agrícolas diversificados y preservan los productos alimenticios tradicionales, lo cual contribuye a obtener dietas equilibradas y a salvaguardar la agrobiodiversidad mundial.

• Los agricultores familiares se integran a las redes territoriales y a las culturas locales, gastando sus ingresos principalmente en los mercados locales y regionales y generando con ello numerosos puestos de trabajo agrícolas y no agrícolas.

• Los agricultores familiares poseen un extraordinario potencial para avanzar hacia sistemas alimentarios más productivos y sostenibles si cuentan para ello con el apoyo de los entornos normativos.

• La agricultura familiar reactiva las economías rurales, genera estabilidad y arraigo social y nuevos horizontes de desarrollo, sobre todo para la juventud rural.

FUENTE: Organización de las Naciones Unidas para la Alimentación y la Agricultura (FAO, por sus siglas en inglés). Salomón Salcedo y Lya Guzmán (eds.). *Agricultura Familiar en América Latina y el Caribe*. Recomendaciones de política, 2014. http://www.fao.org/docrep/019/i3788s/i3788s.pdf. Reproducción autorizada.

TENDENCIAS ALIMENTARIAS

VEGETARIANA

PALEO

VEGANA

FLEXITARIANO

PESCETARIANO

CRUDIVEGANO

DIABETES

HIPERTENSIÓN

MESOAMERICANA

AYURVEDA

CELIAQUÍA

TABLAS NUTRIMENTALES

En todas las recetas hay tablas nutrimentales que te orientarán en tu ingesta de calorías y nutrientes. En la parte superior de éstas encontrarás las calorías y los macronutrientes; en la parte inferior, los micronutrientes. Cada abreviatura significa:

KCAL: kilocalorías.

Macronutrientes

- PROT: proteínas; expresadas en gramos.
- LIP: lípidos; expresados en gramos.
- HC: hidratos de carbono o carbohidratos; expresados en gramos.
- FIB: fibra; expresada en gramos.

Micronutrientes

- CA: calcio; expresado en miligramos.
- NA: sodio; expresado en miligramos.
- FE: hierro o fierro; expresado en miligramos.
- AGS: ácidos grasos satura dos; expresados en gramos.
- AGM: ácidos grasos mono insaturados; expresados en gramos.
- AGP: ácidos grasos poliinsaturados; expresados en gramos.
- COL: colesterol; expresado en miligramos.

Siempre he creído en el poder de la prevención y en la comida saludable como uno de los mejores medios para alejarnos de las enfermedades, por eso el ayurveda es una gran inspiración para mí. ”

–*Chef Oropeza*

Ayurveda

Este sistema antiguo de curación originario de la India hace énfasis en comer de acuerdo a nuestro tipo de cuerpo y a las estaciones del año, lo que promueve la salud y la prevención de enfermedades al balancear "los doshas". En la teoría ayurvédica los "doshas' o cinco elementos de la naturaleza son el espacio, el aire, el fuego, el agua y la tierra. Estos combinan y se materializan para crear los tres principios fundamentales en la naturaleza. Además, la medicina ayurveda indica que se debe comer únicamente cuando se tiene hambre y en un lugar tranquilo y sin distracciones.

PROS

Al elegir alimentos altos en nutrimentos, húmedos y con un poco de aceite, quienes siguen esta alimentación consiguen absorber mejor las vitaminas, proteínas y minerales. También, creen que al preferir la comida caliente, recién preparada y nunca directo del refrigerador, mejoran la digestión y sus enzimas trabajan mejor.

DOSHAS

VATA: AIRE Y ESPACIO
PITTA: FUEGO Y AGUA
KAPHA: TIERRA Y AGUA

SIGNIFICADOS

Ayurveda quiere decir en sánscrito *ayu* (vida) y *veda* (conocimiento).

"LA CIENCIA DE LA VIDA"

MITO

"TODOS DEBEMOS COMER LO MISMO".

Falso, el ayurveda parte de la premisa que cada ser humano tiene necesidades alimentarias particulares, de acuerdo a la estructura corporal de la persona, su sistema digestivo, endocrino y nervioso.

ALIMENTOS PERMITIDOS

FRUTAS Plátano macho + Higo + Uva + Naranja + Toronja
LÁCTEOS Queso + Yogur
VEGETALES
Arúgula + Perejil + lechuga
GRANOS, SEMILLAS Y GERMINADOS
Harina de garbanzo + Arroz basmati + Nuez pecana + Pistache + Frijol mungo + Lenteja + Ghee

EVITA COMBINAR ESTOS ALIMENTOS

Fruta después de una comida
Proteína + Almidones
Proteína + Proteína
Ácidos + Carbohidratos + Lácteos
Ácidos + Cereales + Lácteos

NGREDIENTES

- cucharada de *ghee**
- ½ cucharada de aceite de oliva
- tallo de apio, picado
- cebolla amarilla, picada
- chile serrano rojo, sin semillas y picado
- 3 papas, sin piel y en cubos grandes
- 4½ tazas de caldo de vegetales sin sal
- tazas de arúgula *baby*, lavada
  desinfectada
- 3 cucharadas de perejil, lavado,
  desinfectado y ligeramente picado
- 10 hojas de albahaca, lavadas
  y desinfectadas
- Una pizca de sal y pimienta negra
  molida

PREPARACIÓN

Calienta el *ghee* y el aceite en una olla mediana. Agrega el chile y la cebolla y cocina hasta que la cebolla transparente. Incorpora las papas y el caldo de vegetales. Hierve a fuego medio por 20 minutos, o hasta que las papas suavicen. Aumenta el sabor con sal y pimienta. Reparte en los platos la arúgula y las hierbas picadas, sirve encima la sopa caliente y disfruta.

TIEMPO	RENDIMIENTO	PORCIÓN
30 MIN	4	1 TAZA

160	2.9	4.9	7.1	27.2	3
KCAL	PROT	LIP	COL	CH	FIB
9.2	77.8	0.6	1.9	2	0.2
CAL	NA	HIE	AGS	AGM	AGP

AYURVÉDICA CELIAQUÍA DIABETES FLEXITARIANA HIPERTENSIÓN MESOAMERICANA PESCETARIANA VEGETARIANA

SOPA
AROMÁTICA

*GHEE CASERO

El ghee es un tipo de mantequilla clarificada muy usada en la cocina india. Para hacer ghee casero es necesaria una olla de fondo grueso, un colador, manta de cielo y cuatro barras (1 L) de mantequilla sin sal. Corta la mantequilla en cubos y derrite en la olla a fuego bajo. Continúa calentando, hasta que la mantequilla se separe: los sólidos se depositan al fondo y se forma una espuma en la parte superior quedando la mantequilla clarificada en el medio. Continúa calentando a fuego bajo hasta que tome un tono dorado más oscuro y los sólidos del fondo comiencen a oscurecer, en ese momento retira del fuego y deja reposar por un minuto. Descarta la espuma de la parte superior y pasa por un colador con manta de cielo para deshacerte de los sólidos. Guarda en un frasco de vidrio limpio a temperatura ambiente o en refrigeración.

LENTEJAS

CON APIO BRASEADO

INGREDIENTES

4 bulbos de apio (la parte de abajo que queda al cortar los tallos, la base)
3 cucharadas de aceite de oliva
½ taza de hinojo, fileteado
Una pizca de sal y pimientas mixtas recién molidas
10 dientes de ajo con piel
4 cucharadas de limón mezcladas con 2 cucharadas de vinagre de vino tinto
1 tomate (jitomate), picado
1 taza de caldo de vegetales sin sal
1 cucharada de azúcar mascabado
1¼ de tazas de lentejas, cocinadas en agua sin sal y drenadas
1 cucharadita de tomillo fresco, deshojado y picado
1 cucharadita de ralladura de cáscara de limón

PREPARACIÓN

Corta los bulbos de apio en mitades transversales. Calienta un sartén amplio que tenga tapa y agrega dos cucharadas de aceite de oliva en fuego medio alto. Integra la mitad de los apios con el hinojo y espolvorea con sal y pimienta. Cocina de 5 a 6 minutos, dándole la vuelta en una sola ocasión hasta que dore por ambos lados. Retira los apios del sartén y repite con el resto. Agrega el resto del aceite en el mismo sartén y calienta. Agrega los ajos y cocina por tres minutos, moviendo ocasionalmente, hasta que la piel esté bien quemada. Baja el fuego y añade el jugo de limón mezclado con vinagre y deja reducir por un par de minutos. Añade el tomate, ½ taza del caldo, azúcar, lentejas, sal y pimienta. Lleva a ebullición, cocina por 2 minutos e incorpora los ajos y el hinojo que cocinaste al inicio. Vierte el resto del caldo y hierve a fuego bajo con el sartén tapado, de 20 a 25 minutos, dándole vuelta a los bulbos en una sola ocasión hasta que suavicen y el líquido del sartén espese. Aumenta el sabor con tomillo y ralladura de limón. Si lo deseas, al transcurrir 14 minutos destapa el sartén y sube la temperatura para que la salsa espese más rápido. Sirve caliente y disfruta.

TIEMPO	RENDIMIENTO	PORCIÓN
50 MIN	4	1 TAZA

211.29	8.41	8.12	0	27.45	3.17
KCAL	PROT	LIP	COL	CH	FIB
80.50	231.79	3.50	1.12	5.51	0.78
CAL	NA	HIE	AGS	AGM	AGP

INGREDIENTES

Para el *biryani*

2 cucharadas de aceite de canola
1½ tazas de arroz *basmati*
⅓ taza frijol mungo, remojado en una taza de agua 2 horas antes, escurrido
3 tazas de agua
2 cucharaditas de cúrcuma en polvo
1 cucharada de *ghee* (mantequilla clarificada)
½ zanahoria, rallada
2 cucharadas de uvas pasa, picadas
5 vainas de cardamomo
2 cucharadas de clavo en polvo
2 cucharadas de pistaches, tostados, sin cáscara y ligeramente picados
1 cucharadita de jugo de limón amarillo
1 cucharada de ralladura de cáscara de limón amarillo
¼ de taza de caldo de vegetales sin sal
Una pizca de sal y pimienta negra molida

Para la salsa

2 cucharadas de *ghee* (mantequilla clarificada)
1 cucharada de harina de garbanzo
2 cucharadas de *curry* en polvo
1½ tazas de leche de coco
3 cucharadas de yogur estilo griego
15 hojas de menta fresca, lavadas, desinfectadas y fileteadas
Una pizca de sal y pimienta negra

PREPARACIÓN

Para el *biryani*

Fríe en un sartén con aceite de canola el arroz *basmati* y agrega los frijoles y el agua. Añade la cúrcuma y hierve a fuego bajo por 30 minutos, sin permitir que el arroz ni los frijoles suavicen por completo. Calienta el *ghee* en un sartén y saltea la zanahoria por 30 segundos. Agrega pasas, cardamomo, clavo, pistaches, jugo de limón, ralladura de limón y caldo de vegetales. Deja hervir, baja el fuego y cocina por 3 minutos. Vacía la mezcla de zanahoria en la olla con los frijoles y el arroz. Cocina a fuego lento hasta que los líquidos se absorban y el arroz y los frijoles estén suaves. Rectifica el sabor con sal y pimienta.

Para la salsa

Calienta el *ghee* en un sartén e incorpora la harina de garbanzo; revuelve con un batidor globo hasta formar una pasta. Cocina por 2 minutos y revuelve constantemente. Añade el *curry* y sigue batiendo hasta disolver. Vierte la leche de coco lentamente conforme bates hasta obtener una consistencia cremosa. Apaga el fuego y agrega el yogur y la menta; mezcla bien y aumenta el sabor con sal y pimienta. Sirve el *biryani* con esta salsa y disfruta caliente.

BIRYANI

Este platillo a base de arroz de origen indio, fue creado por los ejércitos medievales que, en campaña, no podían cocinar en forma, por lo que usaban arroz y lo mezclaban con los ingredientes que tenían a la mano. Actualmente se prepara colocando una cama de arroz cocinado y, sobre ésta, se incluye pollo, cordero y vegetales. Enseguida se hornea con especias como nuez moscada, pimienta, cardamomo, jengibre y ajo.

TIEMPO	RENDIMIENTO	PORCIÓN
40 MIN	4	1 TAZA + ½ DE SALSA

KCAL	PROT	LIP	COL	CH	FIB
346	5.6	21.8	21.3	33.6	1.9

CAL	NA	HIE	AGS	AGM	AGP
36.2	221	2.9	9.2	7.1	3.7

BIRYANI

CON SALSA DE COCO

INGREDIENTES

1 taza de lentejas
½ cucharadita de cúrcuma
4 cebollas cambray (con tallos)
2 a 3 tazas de agua
3 cucharadas de aceite de oliva
2 bulbos de hinojo, finamente rebanado
Una pizca de sal y pimienta negra molida

TIEMPO	RENDIMIENTO	PORCIÓN
25 MIN	4	½ TAZA

177	5.2	11.5	0	15	3.1
KCAL	PROT	LIP	COL	CH	FIB
9.8	96.9	1.8	1.6	8.4	1
CAL	NA	HIE	AGS	AGM	AGP

AYURVÉDICA · CELIAQUÍA · DIABETES · FLEXITARIANA · HIPERTENSIÓN

PALEO · PESCETARIANA · VEGANA · VEGETARIANA

PREPARACIÓN

Coloca en una olla mediana el agua, las lentejas, la cúrcuma y los bulbos de la cebolla cambray; hierve a fuego medio por 15 minutos. Retira del fuego y escurre las lentejas. Calienta un sartén, agrega el aceite y saltea los tallos picados de las cebollas cambray con el hinojo. Incorpora las lentejas y cocina hasta que suavicen y el líquido se evapore. Retira del fuego y espolvorea sal y pimienta. Revuelve, sirve de inmediato y disfruta.

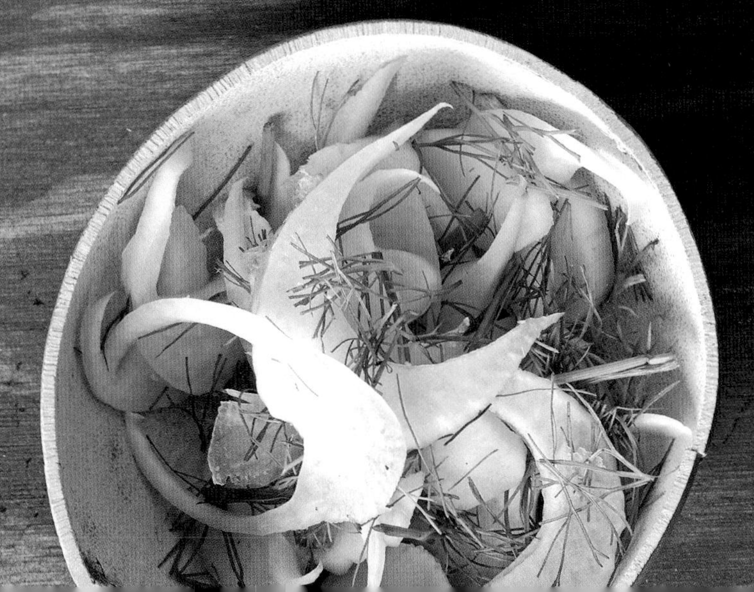

SALTEADO

DE LENTEJAS CON HINOJO

BERENJENAS A LA PLANCHA
CON SALSA DE AJONJOLÍ

INGREDIENTES

Para la salsa de ajonjolí
½ taza de ajonjolí blanco
3 cucharadas de aceite de oliva
1 limón sin semillas (el jugo)

Para las berenjenas
4 berenjenas *baby*, en mitades
2 cucharadas de perejil, lavado, desinfectado y ligeramente picado
Una pizca de sal y pimienta negra molida
¼ de taza de granos de granada

PREPARACIÓN

Para la salsa de ajonjolí
Tuesta el ajonjolí en un sartén a fuego medio hasta que las semillas suavicen y empiecen a tronar. Pásalas a tu procesador de alimentos y agrega el aceite y el jugo de limón. Procesa hasta obtener una pasta suave y homogénea.

Para las berenjenas
Barniza las berenjenas con la salsa de ajonjolí y espolvorea con perejil, sal y pimienta. Calienta un sartén y asa las berenjenas por la parte de la pulpa y deja hasta que tome un tono dorado. Decora con los granos de granada y disfruta de inmediato.

Los sí de la alimentación ayurveda

- "Escuchar" al cuerpo y darle únicamente las porciones correctas
- Preferir los alimentos "húmedos" y consumirlos tibios, nunca fríos
- Comer a conciencia: apreciar el sabor, el olor y las texturas de los alimentos

TIEMPO

RENDIMIENTO

PORCIÓN

158.5	4	13.9	0	7.1	1.5
KCAL	PROT	LIP	COL	CH	FIB
0	118.9	2.5	1.9	8.6	2.6
CAL	NA	HIE	AGS	AGM	AGP

AYURVÉDICA CELIAQUÍA DIABETES FLEXITARIANA HIPERTENSIÓN

PALEO PESCETARIANA VEGANA VEGETARIANA

TAZÓN DE LENTEJAS SALTEADAS
CON BRÓCOLI Y RÁBANOS

INGREDIENTES

3 cucharadas de aceite de oliva
3 cebollas cambray, rebanadas (con tallos)
4 tazas de germinado de lentejas
2 tazas de brócoli, en ramitos
2 cucharadas de salsa de soya reducida en sodio
1 cucharada de salsa picante oriental
Una pizca de pimienta negra molida
2 rábanos, en rebanadas delgadas

PREPARACIÓN

Calienta el aceite en un sartén y saltea los bulbos de cebolla cambray hasta que suavicen. Agrega el germinado de lentejas, el brócoli y cocina hasta que éste tome un color verde intenso. Añade las salsas y la pimienta y cocina por 3 minutos más. Sirve en tazones individuales y decora con rábanos y tallos de cebolla cambray. Disfruta.

TIEMPO	RENDIMIENTO	PORCIÓN
15 MIN	4	1 TAZA

211 KCAL	11.6 PROT	15.9 LIP	0 COL	13.9 CH	4.2 FIB
0 CAL	330 NA	0.8 HIE	1.6 AGS	8.3 AGM	0.9 AGP

AYURVÉDICA CELIAQUÍA DIABETES FLEXITARIANA
PESCETARIANA VEGANA VEGETARIANA

INGREDIENTES

1 cucharada de aceite de coco
2 plátanos macho maduros, en mitades transversales
3 cucharadas de azúcar de coco
2 naranjas sin semilla (el jugo)
¼ de taza de leche de coco
⅓ de taza arándanos
½ cucharadita de canela molida
2 cucharadas de hojas de menta, lavadas
y desinfectadas
⅓ de taza de nueces, picadas

PREPARACIÓN

Derrite el aceite de coco en un sartén y agrega los plátanos; baja el fuego y añade el azúcar de coco. Añade jugo de naranja, leche de coco, arándanos, canela, menta y nueces tostadas. Sirve y disfruta.

TIEMPO	RENDIMIENTO	PORCIÓN
40 MIN	4	½ PLÁTANO

257.6	1.32	3.92	0	32.36	2.32
KCAL	PROT	LIP	COL	CH	FIB
0.12	5	0	1.64	1.16	0.6
CAL	NA	HIE	AGS	AGM	AGP

AYURVÉDICA CELIAQUÍA FLEXITARIANA PESCETARIANA VEGANA VEGETARIANA

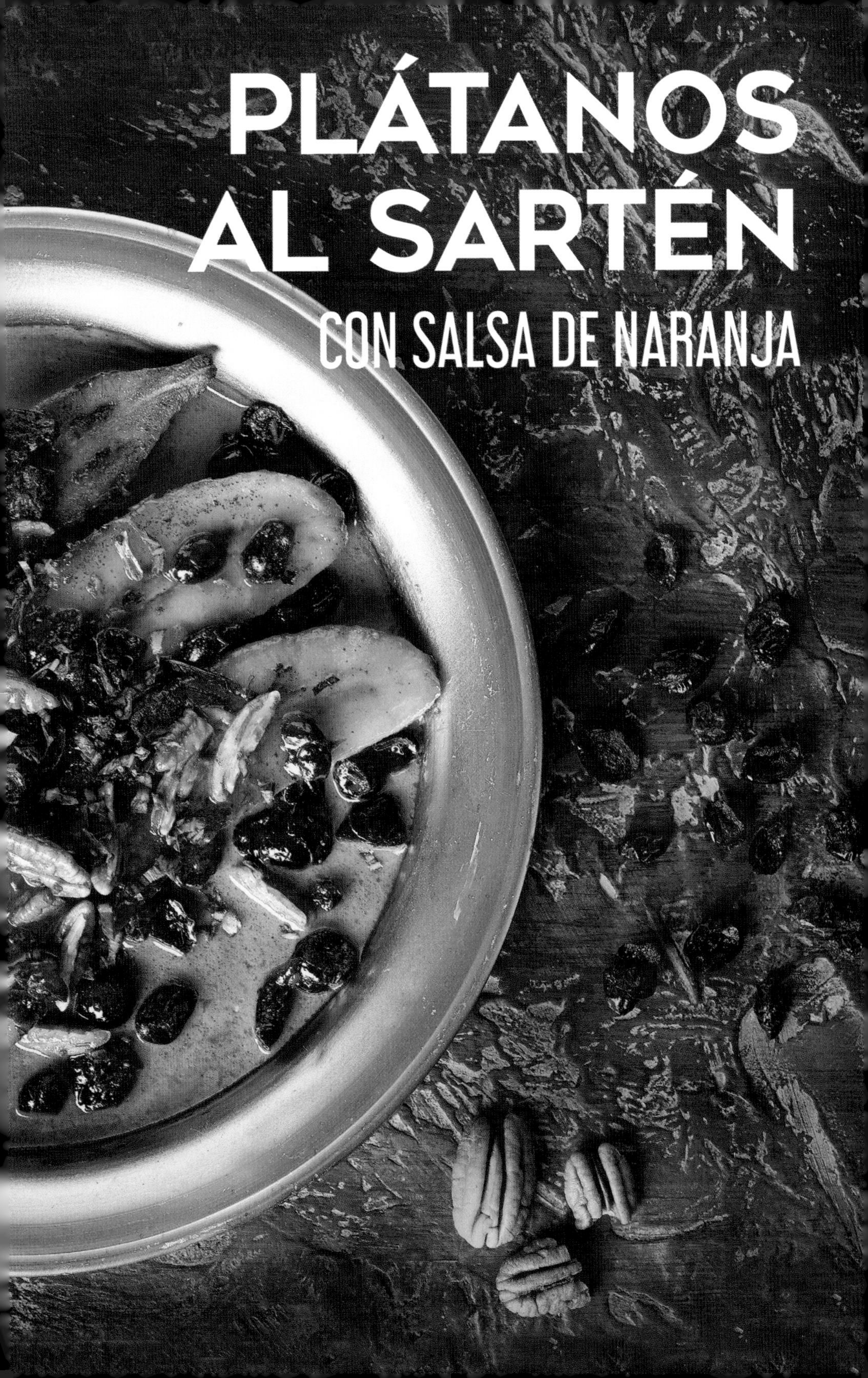
PLÁTANOS AL SARTÉN
CON SALSA DE NARANJA

Esta alimentación reúne algunas de mis reglas preferidas de cocina: elección de alimentos en su estado natural y preparaciones sencillas que enaltecen el sabor. ❞

–Chef Oropeza

Crudivegana

Este régimen alimentario está basado en la ingesta de ingredientes de origen vegetal, que pueden ser consumidos crudos o cocinados a menos de 120˚F. Su objetivo es conservar la mayor cantidad de enzimas, vitaminas y minerales de cada alimento.

PROS

- Las frutas y vegetales crudos conservan más agua y resultan diuréticos para el organismo.
- Sus métodos de preparación hace a los platillos más ligeros.
- Los alimentos crudos retienen mayor cantidad de ácido fólico (vitamina del complejo B).

CONTRAS

Las personas que llevan este tipo de alimentación suelen ingerir menos calorías por día, lo cual podría ser perjudicial para la salud en algunos casos. No se recomienda en niños y mujeres embarazadas.

SUS DEFENSORES

Quienes la llevan a la práctica, aseguran que esta dieta facilita la digestión, les brinda energía y su cuerpo realiza un proceso de autosanación constante.

LO MÁS IMPORTANTE

Para los seguidores de esta tendencia alimentaria cocinar y procesar los alimentos disminuye las propiedades curativas que poseen, así como su densidad de vitaminas y minerales.

ALIMENTOS PERMITIDOS

Frutas frescas
Vegetales frescos
Especias y raíces
Semillas
Frutos secos
Germinados

ALIMENTOS NO PERMITIDOS

Cualquier alimento de origen animal y sus derivados.
Alimentos pasteurizados o procesados.

INGREDIENTES

2 pepinos grandes, sin piel ni semillas, en trozos
1 aguacate, en cubos
½ limón sin semillas (el jugo)
1½ tazas de agua
1 cucharada de vinagre blanco
1 cucharada de mostaza antigua
Una pizca de sal rosa y pimienta negra molida
2 cucharadas de aceite de oliva
2 cucharadas de nueces de la india, tostadas y ligeramente picadas
3 cucharadas de cebollín, lavado, desinfectado y ligeramente picado

PREPARACIÓN

Coloca en tu licuadora pepinos, aguacate, jugo de limón, agua, vinagre blanco y mostaza antigua. Procesa hasta integrar y obtener una mezcla homogénea y tersa. Aumenta el sabor con sal y pimienta. Sirve la sopa en tazones soperos y decora los platos con un cordón de aceite de oliva, nueces tostadas y cebollín. Disfruta de inmediato.

TIEMPO	RENDIMIENTO	PORCIÓN
5 MIN	4	1 TAZA

141 KCAL	1.7 PROT	13.2 LIP	0 COL	5.8 CH	0.4 FIB
0.2 CAL	121.9 NA	0 HIE	2 AGS	9 AGM	1.3 AGP

AYURVÉDICA · CELIAQUÍA · CRUDIVEGANA · DIABETES · FLEXITARIANA
HIPERTENSIÓN · PALEO · PESCETARIANA · VEGANA · VEGETARIANA

SOPA FRÍA
DE PEPINO

SOPA DE ZANAHORIA
Y MAÍZ CON CILANTRO

INGREDIENTES

3 zanahorias, sin piel
2½ tazas de agua
1 cucharadita de jengibre, picado
½ taza de granos de maíz (elote) blanco
2 naranjas (el jugo)
2½ tazas de agua
½ aguacate
Una pizca de sal rosa, pimienta negra molida y comino seco molido
2 cucharadas de hojas de cilantro, lavadas y desinfectadas
2 supremas de naranja
1 cucharada de cebolla, picada
2 cucharaditas de aceite de oliva

TIEMPO

RENDIMIENTO

PORCIÓN

90	1.4	5	0	11.8	1.5
KCAL	PROT	LIP	COL	CH	FIB
8.3	88	0.1	0.7	3.3	0.5
CAL	NA	HIE	AGS	AGM	AGP

AYURVÉDICA CELIAQUÍA CRUDIVEGANA DIABETES FLEXITARIANA

HIPERTENSIÓN PALEO PESCETARIANA VEGANA VEGETARIANA

PREPARACIÓN

Coloca en tu licuadora zanahorias, jengibre, granos de maíz, jugo de naranja y agua. Licúa hasta incorporar por completo y obtener una textura suave. Cuela y regresa el líquido al vaso de tu licuadora. Desecha la fibra que quedó en el colador. Agrega en tu licuadora aguacate, sal, pimienta y comino. Vuelve a procesar de 2 a 4 minutos, o hasta obtener una textura homogénea y tersa. Sirve en tazones individuales y decora con hojas de cilantro, supremas de naranja, pimienta, cebolla y un cordón de aceite de oliva. Comparte y disfruta.

TARTAR DE BETABEL

INGREDIENTES

Para el betabel (remolacha) encurtido

2 tazas de agua
3 limones (el jugo)
1 cucharadita de sal rosa
1 cucharada de hojas de laurel, lavadas y desinfectadas
3 betabeles (remolachas) medianos, en cubos chicos

Para el tartar

1 manzana verde, en cubos chicos
1 limón (el jugo)
2 cucharadas de brotes de mostaza, lavados y desinfectados
2 cucharadas de aceite de oliva
2 cucharaditas de ajonjolí negro tostado
Una pizca de sal rosa

PREPARACIÓN

Para el betabel (remolacha) encurtido

Mezcla en un frasco agua, jugo de limón, sal y laurel. Agrega los betabeles (remolachas) en cubos y cierra el frasco. Refrigera por al menos 8 horas hasta que suavicen y absorban el sabor.

Para el tartar

Coloca en un tazón manzana, jugo de limón, brotes de mostaza, una cucharada de aceite de oliva, ajonjolí negro y revuelve muy bien. Retira los cubos de betabel del encurtido (líquido en donde los dejaste suavizar) y mézclalos en un tazón con el resto del aceite de oliva. Sirve en un plato una cama de betabel (remolacha) encurtido y coloca encima la mezcla de manzanas. Comparte y disfruta.

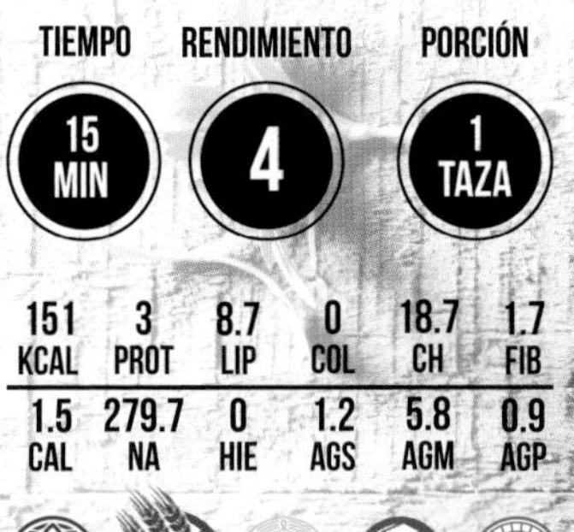

151	3	8.7	0	18.7	1.7
KCAL	PROT	LIP	COL	CH	FIB
1.5	279.7	0	1.2	5.8	0.9
CAL	NA	HIE	AGS	AGM	AGP

WRAPS DE ACELGA
Y QUINOA

INGREDIENTES

Para la crema de nuez

1 taza de nuez de la india sin sal, remojada la noche previa
2 cucharadas de vinagre de manzana
1 cucharadita de jugo de limón amarillo
⅛ de cucharadita de sal rosa

Para los wraps

½ taza de quinoa, remojada la noche previa
1 cucharada de aceite de oliva extra virgen
Una pizca de sal
4 hojas grandes de acelgas, lavadas y desinfectadas
½ pimiento amarillo, en julianas
1 pepino mediano, sin semillas y en julianas

PREPARACIÓN

Para la crema de nuez

Drena las nueces y colócalas con el resto de los ingredientes en tu procesador de alimentos. Procesa hasta obtener una consistencia espesa y cremosa. Reserva en refrigeración.

Para los wraps

Escurre el agua del remojo de la quinoa. Pásala a un colador y enjuágala sobre un chorro de agua fría. Pon el colador sobre un tazón y cubre con una toalla. Deja reposar por al menos 6 horas para germinar. Durante este tiempo enjuaga nuevamente la quinoa un par de veces (evita hacerlo el final para que al retomarla no esté tan húmeda). Combina en un tazón el germinado con el aceite de oliva y la sal. Corta los tallos de las acelgas y dejan las hojas lo más enteras posibles. Extiéndelas sobre tu superficie de trabajo y unta 2 cucharadas de la crema en cada una. Rellénalas con quinoa germinada, pimiento y pepino. Enrolla bien el relleno y sirve de inmediato.

BENEFICIOS DE LA ALIMENTACIÓN CRUDIVEGANA

• Mantiene en equilibrio los niveles de azúcar en la sangre
• El alto consumo de vegetales crudos aporta múltiples antioxidantes y vitaminas a tu organismo

AYURVÉDICA

CELIAQUÍA

HIPERTENSIÓN

PALEO

CRUDIVEGANA

DIABETES

FLEXITARIANA

PESCETARIANA

VEGANA

VEGETARIANA

TIEMPO	RENDIMIENTO	PORCIÓN
15 MIN	4	1 WRAP

198 KCAL	5.4 PROT	11 LIP	0 COL	22.2 CH	1.6 FIB
0.1 CAL	146.8 NA	0.1 HIE	1.7 AGS	6.3 AGM	1.3 AGP

TARTA DE MANZANA
SIN HORNEAR
TIEMPO
1 H 10 MIN
RENDIMIENTO
12
PORCIÓN
1 REBANADA
285 KCAL
4.7 PROT
10.1 LIP
0 COL
49.8 CH
6.9 FIB
35.2 CAL
1.2 NA
0.6 HIE
1.4 AGS
4.2 AGM
3.7 AGP
AYURVÉDICA
CRUDIVEGANA
FLEXITARIANA
PALEO
PESCETARIANA
VEGANA
VEGETARIANA

INGREDIENTES

Para la base

2 tazas de uvas pasas
1 taza de dátiles grandes (*medjool*), sin semillas
¾ de taza de almendras
½ vaina de vainilla (las semillas)
1 cucharadita de aceite de coco, fundido

Para el relleno

5 manzanas amarillas, sin piel, sin corazón y en cubos
½ taza de dátiles grandes (*medjool*), sin semillas
Una pizca de canela molida
2 cucharadas de azúcar de coco
2 cucharadas de semillas de chía

Para la costra

¼ de taza de nueces en mitades
¼ de taza de azúcar de coco
1 cucharadita de aceite de coco

PREPARACIÓN

Para la base

Coloca las pasas, los dátiles, las almendras y la vainilla en tu procesador de alimentos. Procesa a pulsos hasta que sea más fácil procesar a máxima velocidad. Deberás obtener una consistencia compacta y manejable. Forra el fondo de un refractario para tarta con papel encerado y engrasa las orillas con aceite de coco. Agrega la mezcla de dátiles al molde y esparce bien para cubrirlo por completo y obtener una base bien aplanada. De ser necesario, humedece tus manos con agua para que la mezcla de dátil se despegue con facilidad. Lleva la base a tu congelador y reserva por al menos 30 minutos.

Para el relleno

Coloca 3 tazas de manzanas en cubos en tu procesador limpio; agrega los dátiles y la canela. Procesa a pulsos para que se comience a incorporar y enseguida procesa de 3 a 4 minutos o hasta obtener una consistencia parecida a la del puré de manzana. Debes raspar los bordes del procesador según se necesite para integrar perfectamente. Vacía esta preparación en un tazón e incorpora el resto de las manzanas, azúcar de coco y semillas de chía; revuelve bien.

Para la costra

Coloca todos los ingredientes en tu procesador y procesa a pulsos hasta obtener moronas.

Para el armado

Retira la base de la tarta del congelador y rellena con la preparación de manzanas. Alisa la superficie lo más posible con ayuda de una espátula o el canto de una cuchara. Espolvorea la costra de nueces sobre la tarta y refrigera por al menos una hora antes de servir. Comparte y disfruta.

BARRAS CRUDIVEGANAS
DE CACAHUATE

INGREDIENTES

Para la base

1½ tazas de almendras
½ taza de cocoa sin azúcar
2½ tazas de dátiles sin hueso y picados

Para la crema de cacahuate

5 oz de cacahuates naturales, remojados la noche anterior (drenados)
1 taza de leche de coco
6 cucharadas de miel de agave
3 cucharadas de aceite de coco
Una pizca de sal rosa
1 vaina de vainilla

Para la cubierta

3 cucharadas de aceite de coco
1 cucharada de miel de agave
5 cucharadas de cocoa sin azúcar
¼ de taza de cacahuates, con piel y ligeramente picados

Aceite de coco
Tiene vitaminas E y K que previenen la desmineralización de los huesos. Además, combate los trastornos de la tiroides.

PREPARACIÓN

Para la base

Cubre con papel encerado un molde rectangular de 6 pulgadas, permitiendo que el papel rebase las orillas para desmoldar con facilidad. Procesa las almendras hasta obtener un polvo fino. Agrega la cocoa y sigue procesando hasta incorporar. Añade poco a poco los dátiles conforme se integran a la preparación hasta obtener una textura pesada y compacta. Pasa la masa al refractario y compacta bien con ayuda de tus manos para obtener una capa uniforme. Conserva en tu congelador mientras sigues con el procedimiento.

Para la crema de cacahuate

Coloca en tu procesador de alimentos o licuadora cacahuates, leche de coco, miel de agave, aceite de coco, sal y vainilla. Procesa hasta obtener un puré perfectamente integrado. Vierte la crema sobre la base de dátiles y reserva en tu congelador por al menos 30 minutos para que la crema se torne firme.

Para la cubierta

Combina aceite de coco, miel de agave y cocoa en un tazón. Mezcla vigorosamente con un batidor de globo hasta obtener una consistencia cremosa. Unta la cubierta sobre la crema de cacahuate y espolvorea con cacahuates. Congela por una hora. Desmolda la preparación y corta en barritas de 2.5 x 1 pulgadas y disfruta.

TIEMPO

RENDIMIENTO

PORCIÓN

397	9.8	23	0	28.4	3.6
KCAL	PROT	LIP	COL	CH	FIB
41.2	204.8	1	8.6	7.2	4.1
CAL	NA	HIE	AGS	AGM	AGP

Llevo muchos años cocinando e investigando acerca de los beneficios de ser asertivos a la hora de elegir lo que nos conviene comer. Y la clave está en que somos responsables de buscar una alimentación que se adapte a nuestras creencias, necesidades, edad, complexión física y gustos culinarios. ”

–Chef Oropeza

Flexitariana

Sus bases provienen de la alimentación vegetariana, cuyos principios se enfocan en el respeto al medio ambiente y a los demás seres vivos. Sin embargo, aunque su alimentación se compone principalmente de vegetales, frutas y semillas, los flexitarianos incluyen pequeñas y espaciadas porciones de producto animal y sus derivados, en su dieta; de ahí que se les conozca como "vegetarianos flexibles".

PROS
La ración de proteína animal que consumen, los provee de los nutrimentos necesarios. Según la nutrióloga estadounidense Dawn Jackson Blatner, esta dieta reduce los niveles de colesterol y podría aportar beneficios cardiacos y de control de peso, al igual que la dieta vegetariana.

CONTRAS
Al igual que cualquier dieta restrictiva, quienes la ponen en práctica deben asegurar una buena planeación de la misma para evitar deficiencias de vitaminas, proteínas o minerales.

¿CADA QUIEN SUS REGLAS?
Esta tendencia "flexible" a las necesidades proteínicas de cada persona ha permitido a sus defensores establecer sus propias reglas: por ejemplo, hay quienes comen carne únicamente en algún horario en particular.

EN EQUILIBRIO
En el caso de las dietas que omiten la carne o reducen al mínimo su consumo, es importante mantener una ingesta de carbohidratos apropiada y balanceada con el resto de los nutrimentos que se consumen.

ALIMENTOS PERMITIDOS
Gran cantidad de frutas y vegetales
Granos integrales
Carnes magras
Semillas y frutos secos
Lácteos fermentados
Especias y azúcar

ALIMENTOS NO PERMITIDOS
Gran cantidad de alimentos de origen animal y sus derivados.

ENSALADA TIBIA DE HONGOS

INGREDIENTES

Para la vinagreta

3 cucharadas de aceite de oliva
1 cucharada de vinagre balsámico
1 diente de ajo, finamente picado
1 cucharadita de miel de agave
Una pizca de sal y pimienta negra molida

Para la ensalada

1 cucharada de aceite de coco
1 cucharadita de semillas de mostaza
1 echalote, finamente picado
1½ tazas de champiñones chicos, limpios
1 taza de hongo portobello, en cubos medianos
3 ramas de tomillo fresco, deshojadas
¼ de cucharadita de cúrcuma molida
Una pizca de sal
6 espárragos verdes delgados, en mitades
2 tazas de hojas de espinaca baby, lavada y desinfectada
1 taza de quinoa, cocinada según las instrucciones del empaque

PREPARACIÓN

Para la vinagreta

Coloca todos los ingredientes en un frasco, tapa y agita con fuerza hasta lograr una emulsión; reserva.

Para la ensalada

Calienta el aceite en un sartén grande y fríe ligeramente las semillas de mostaza junto con el echalote. Incorpora los hongos junto con tomillo, cúrcuma y sal. Cocina moviendo ocasionalmente, de 12 a 15 minutos, o hasta que los hongos suavicen y doren ligeramente. Incorpora los espárragos y saltea hasta que tomen un tono verde intenso. Sigue cocinando hasta que suavicen. Arma la ensalada en un tazón. Agrega las hojas de espinacas, el cuscús o quinoa y el salteado de hongos. Vierte la vinagreta y revuelve bien para incorporar todo el sabor. Sirve de inmediato y disfruta.

TIEMPO	RENDIMIENTO	PORCIÓN
25 MIN	4	1 TAZA

242	6.6	16.6	0	18.4	4
KCAL	PROT	LIP	COL	CH	FIB
8	184.9	1.7	4.9	8.8	1.4
CAL	NA	HIE	AGS	AGM	AGP

AYURVÉDICA

CELIAQUÍA

DIABETES

FLEXITARIANA

HIPERTENSIÓN

PESCETARIANA

VEGANA

VEGETARIANA

BATIDO VERDE DE MINERALES

INGREDIENTES

1 taza de piña, en cubos, congelados
1 taza de espinacas *baby*, lavadas y desinfectadas
1 rama de apio, rebanada
1 cucharada de jengibre, rallado
1 limón (el jugo)
3 tazas de agua
4 cucharaditas de semillas de chía

PREPARACIÓN

Coloca en tu licuadora piña, espinacas, apio, jengibre, jugo de limón y agua. Procesa hasta integrar y sirve con semillas de chía. Disfruta de inmediato.

TIEMPO	RENDIMIENTO	PORCIÓN
5 MIN	4	1 TAZA

64	1.9	2.3	0	10.2	3.7
KCAL	PROT	LIP	COL	CH	FIB
0.5	0.3	0.4	0	0.2	1.7
CAL	NA	HIE	AGS	AGM	AGP

AYURVÉDICA CELIAQUÍA CRUDIVEGANA FLEXITARIANA PESCETARIANA VEGETARIANA VEGANA

SÁNDWICH DE ARÚGULA
Y DURAZNOS AL PESTO

INGREDIENTES

Para el pesto

½ taza de hojas de albahaca, lavadas y desinfectadas
1 cucharada de queso parmesano, rallado
1 cucharada de almendras, tostadas
Una pizca de sal y pimienta negra molida
¼ de taza de aceite de oliva

Para el sándwich

3 duraznos (melocotones), en medias lunas semigruesas
4 rebanadas de queso *gruyere*
8 rebanadas de hogaza de pan multigrano
1 taza de arúgula, lavada y desinfectada

PREPARACIÓN

Para el pesto

Coloca todos los ingredientes en tu licuadora o procesador de alimentos, y procesa hasta obtener una textura pesada y homogénea.

Para el sándwich

Coloca el pesto en un tazón y agrega los duraznos; revuelve para que se impregnen por completo. Cocina los duraznos en tu parrilla caliente y cocina hasta que las líneas se marquen. Coloca una rebanada de queso en cada una de las bases del pan. Tuesta todas las rebanadas hasta que doren y el queso se funda. Arma los sándwiches colocando duraznos sobre el queso y finalmente la arúgula. Tapa, corta en mitades y disfruta.

TIEMPO: 15 MIN

RENDIMIENTO: 8

PORCIÓN: 1/2 SÁNDWICH

253	9.1	13.5	18.2	23.7	0.6
KCAL	PROT	LIP	COL	CH	FIB
190.9	273.8	0.9	4.2	7.5	1
CAL	NA	HIE	AGS	AGM	AGP

FLEXITARIANA · PESCETARIANA · VEGETARIANA

RIB EYE ROSTIZADO
CON HIERBAS

INGREDIENTES

3 cucharadas de aceite de oliva
2 dientes de ajo, finamente picados
2 echalotes, finamente picados
4 cucharadas de hojas de perejil, lavadas, desinfectadas y finamente picadas
2 cucharadas de romero, lavado, desinfectado y finamente picado
Una pizca de sal y pimienta negra molida
4 filetes de *rib eye* (5 oz o 140 g c/u)
16 espárragos verdes
2 tazas de puré de papa natural

PREPARACIÓN

Precalienta tu horno a 425ºF.
Coloca en un tazón aceite de oliva, ajo, echalote, perejil, romero, orégano, sal y pimienta; mezcla hasta integrar. Pon los filetes en una charola para horno con rejilla y úntalos por ambos lados con la mezcla anterior. Pon los espárragos debajo de la rejilla sobre la charola y hornea 425ºF por 12 minutos hasta formar una corteza crujiente en la carne. Baja la temperatura a 350ºF y termina la cocción hasta obtener el término deseado; por 3 minutos más para término medio, aproximadamente. Sirve al salir del horno y disfruta con los espárragos y el puré de papa.

¿Para qué sirven los minerales?
Contribuyen a que el funcionamiento del cuerpo sea óptimo, pues fortalecen los huesos y ayudan a llevar oxígeno a las células.

TIEMPO

RENDIMIENTO

PORCIÓN

648	30	43.5	95.2	36.2	4
KCAL	PROT	LIP	COL	CH	FIB
22.1	182	3.2	14.2	21.7	2
CAL	NA	HIE	AGS	AGM	AGP

TRAMONTINA

AGUA DE PEPINO,
JENGIBRE Y APIO

INGREDIENTES

¼ de pepino, con cáscara
1 tallo de apio
5 ramitas de perejil, lavado y desinfectado
2 cucharadas de jengibre, picado
1 limón (jugo)
½ taza de agua de coco
2 ramitas de perejil, lavado y desinfectado (para decorar)

PREPARACIÓN

Licúa todos los ingredientes. Sirve en vasos bajos, decora con perejil y disfruta.

TIEMPO	RENDIMIENTO	PORCIÓN
15 MIN	4	1 TAZA

56	2.4	0.8	11.6	1.1	3.4
KCAL	PROT	LIP	COL	CH	FIB
66.2	230.2	1.6	0.4	0	0
CAL	NA	HIE	AGS	AGM	AGP

ENSALADA DE NARANJA
CON HINOJO Y ALMENDRAS

INGREDIENTES

Para la vinagreta

3 cucharadas de aceite de oliva
1 cucharada de vinagre de frambuesa o jerez
1 echalote, finamente picado
1 cucharadita de jugo de limón amarillo
½ cucharadita de ralladura de limón amarillo
1 cucharadita de mostaza Dijon
Una pizca de sal y pimienta negra molida

Para la ensalada

2 naranjas, sin cáscara y en rodajas
1 toronja, sin cáscara y en rodajas
½ bulbo de hinojo chico, en rebanadas delgadas
¼ de cebolla morada, fileteada
1 tallo de apio, en rebanadas delgadas
2 cucharadas de eneldo, lavado y desinfectado
¼ de taza de hojas de hierbabuena, lavadas y desinfectadas
3 cucharadas de almendras, tostadas y ligeramente picadas

PREPARACIÓN

Para la vinagreta

Coloca todos los ingredientes en un tazón y mezcla con un batidor globo hasta formar una emulsión; reserva.

Para la ensalada

Coloca sobre un platón rodajas de naranja y toronja, agrega hinojo, cebolla morada y apio. Cubre con eneldo y hojas de hierbabuena. Revuelve la ensalada ligeramente, agrega las almendras y baña con la vinagreta. Sirve y disfruta de inmediato.

TIEMPO: 10 MIN

RENDIMIENTO: 4

PORCIÓN: 1/2 TAZA

185	2.7	14	0	14.8	2.3
KCAL	PROT	LIP	COL	CH	FIB
12.2	100.3	0.2	1.7	9.7	1.5
CAL	NA	HIE	AGS	AGM	AGP

AYURVÉDICA · CELIAQUÍA · CRUDIVEGANA · FLEXITARIANA · HIPERTENSIÓN · PESCETARIANA · VEGANA · VEGETARIANA

TEPPANYAKI
DE VEGETALES

INGREDIENTES

Para la salsa *teriyaki*
½ taza de salsa de soya reducida en sodio
3 cucharadas de sake
2 cucharadas de mirin
5 cucharadas de azúcar mascabado

Para los vegetales
1 cucharada de aceite de ajonjolí
2 tazas de brócoli, en ramitos
4 cebollas de cambray, fileteadas (con tallos)
4 zanahorias, en julianas
3 calabacitas, en julianas
Una pizca de pimienta negra molida
1 taza de arroz para sushi, preparado según las instrucciones de su empaque
2 cucharadas de ajonjolí mixto, tostado

PREPARACIÓN

Para la salsa *teriyaki*
Mezcla todos los ingredientes de la salsa en una olla y calienta a fuego bajo, moviendo regularmente, hasta que la salsa espese; deja reducir en una olla a fuego lento hasta obtener una consistencia espesa. Reserva en un frasco de vidrio esterilizado y refrigera después de enfriar.

Para los vegetales
Calienta el aceite en un *wok* o sartén profundo y saltea los vegetales por 3 minutos o hasta que tomen un tono vivo. Agrega 3 cucharadas de salsa *teriyaki* y sigue cocinando a fuego alto por 2 minutos más. Sirve una cama de arroz en 4 tazones individuales y coloca encima una porción del *teppanyaki* de vegetales. Decora con ajonjolí y disfruta de inmediato.

BRÓCOLI
Contiene vitamina B6 y ácido fólico, que reducen el riesgo de contraer aterosclerosis, infarto de miocardio y algún accidente cerebrovascular.

TIEMPO 30 MIN

RENDIMIENTO

PORCIÓN

309	8.8	6	0	51.6	6.5
KCAL	PROT	LIP	COL	CH	FIB
2.8	475.1	2.8	0.8	2.3	2.5
CAL	NA	HIE	AGS	AGM	AGP

AYURVÉDICA

CELIAQUÍA

FLEXITARIANA

PESCETARIANA

VEGANA

VEGETARIANA

INGREDIENTES

2 tazas de fresas, lavadas y desinfectadas
2 tazas de zarzamoras, lavadas y desinfectadas
2 tazas de frambuesas, lavadas y desinfectadas
1 taza de agua
1½ tazas de jarabe natural
1 cucharada de amargo de angostura
2 cucharadas de ron añejo
2 cucharadas de licor de coco

PREPARACIÓN

Licúa por separado cada una de las frutas con ⅓ de taza de agua y ½ taza de jarabe natural hasta obtener un puré fino. Coloca los purés en diferentes tazones. Incorpora el amargo de angostura en el puré de fresa, el ron en el de zarzamora y el licor de coco en el de frambuesa. Lleva las preparaciones a tu congelador por una hora. Pasa por separado cada una de las mezclas de sorbetes a tu máquina de helados y procésalos siguiendo las instrucciones indicadas en tu máquina, por 25 minutos o hasta que estén firmes. Conserva los sorbetes en congelación mientras continúas la preparación. Sirve bolas de sorbetes en vasos bajos y disfruta de inmediato.

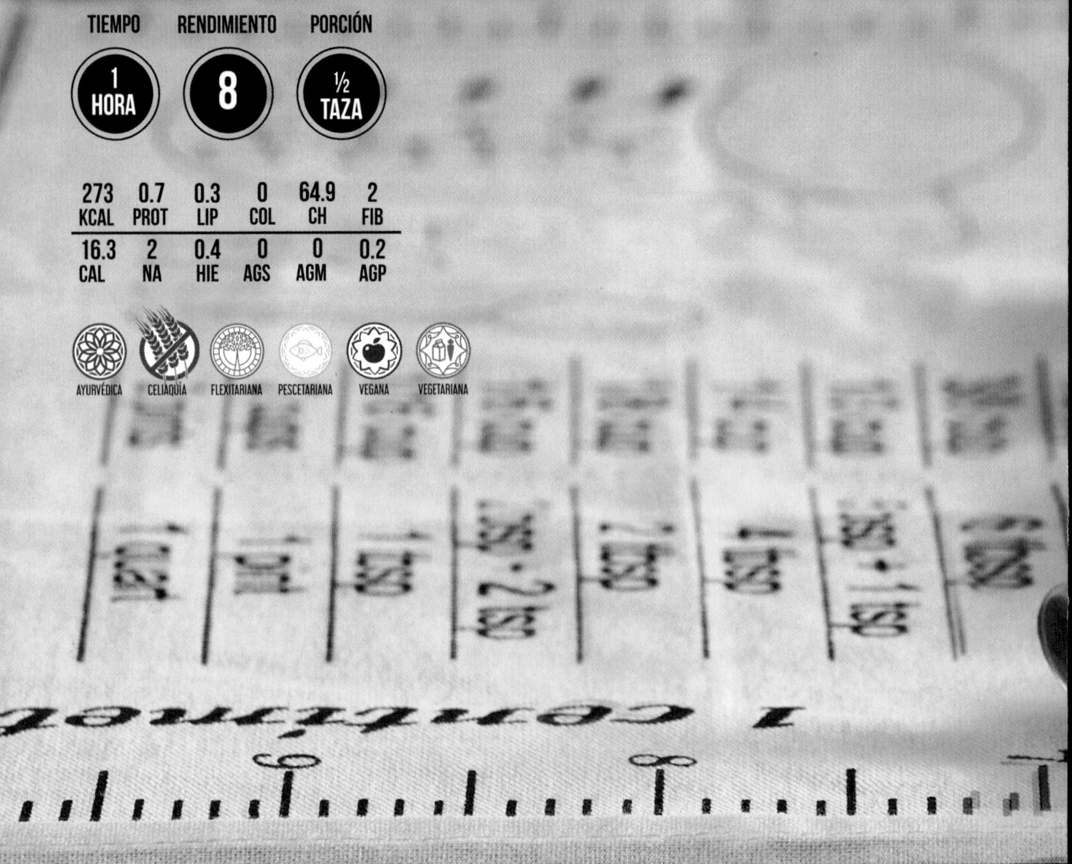

TIEMPO	RENDIMIENTO	PORCIÓN
1 HORA	8	½ TAZA

273 KCAL	0.7 PROT	0.3 LIP	0 COL	64.9 CH	2 FIB
16.3 CAL	2 NA	0.4 HIE	0 AGS	0 AGM	0.2 AGP

AYURVÉDICA · CELIAQUÍA · FLEXITARIANA · PESCETARIANA · VEGANA · VEGETARIANA

TRIO DE SORBETES ROJOS

Este tipo de alimentación no solo impulsa el consumo de ingredientes nacionales altos en nutrimentos, sino también prácticas de cultivo incluyentes y duraderas, capaces de sustentar la salud de generaciones. Un gran acierto del que todos deberíamos participar. ”

–Chef Oropeza

Mesoamericana

Este tipo de alimentación opta por ingredientes de "la milpa", un sistema agroalimentario creado por los antiguos pobladores de Mesoamérica. Las plantas que la integran son el maíz, el frijol y la calabaza, mejor conocidas como la "triada mesoamericana". Uno sus objetivos es volver al consumo de productos básicos de la alimentación mexicana durante la época prehispánica, e impulsar los cultivos con ingredientes de cada región. Sus entusiastas aseguran que una familia que se alimenta con este sistema de cultivo, no solamente se aleja de la desnutrición, sino que promueve el rescate, manejo, selección y replicación de los productos locales.

PROS

La mayoría de sus ingredientes tiene un alto contenido nutrimental, se dan todo el año y son versátiles. Su producción y consumo impacta de manera positiva al medio ambiente y promueve el rescate de alimentos poco consumidos en la actualidad.

ALIMENTO BASE

Calabaza

Es rica en vitaminas A, B y C, posee minerales como calcio, cobalto, magnesio y zinc, que combaten la migraña. Gracias a sus propiedades antioxidantes, protege la degeneración muscular causada por el ejercicio.

CULTIVO

Dentro del complejo de la milpa se encuentran otros alimentos y plantas periféricos; los cactos y magueyes, a modo de cercas, evitan la erosión del suelo, sirven de protección contra diversos depredadores de los cultivos.

ALIMENTO BASE

Frijol

Tiene un gran poder antioxidante, ya que es rico en antocianinas. Ayuda a combatir los radicales libres que tu cuerpo produce al hacer ejercicio y que oxidan las células sanas de tu organismo.

ALIMENTO BASE

Nopal

Es un alimento alto en fibra y bajo en calorías. Contiene vitaminas A, C, K, riboflavina, tiamina, niacina y folatos, nutrientes que actúan como antioxidantes y evitan el envejecimiento prematuro.

ALIMENTO BASE

Maíz

Para los mayas y los aztecas jugaba un rol esencial en las festividades, la alimentación y las creencias religiosas de estas civilizaciones. Contiene proteínas vegetales, hierro, potasio y fósforo.

TIEMPO
45 MIN
RENDIMIENTO
8
PORCIÓN
½ TAZA
156 KCAL
5.2 PROT
1 LIP
0 COL
21.2 CH
3.7 FIB
2.7
224.3
0.4
0
0
0.1
HIPERTENSIÓN
VEGETARIANA
AYURVÉDICA
CELIAQUÍA
DIABETES
FLEXITARIANA

ENSALADA DE HABAS

CON QUELITES Y MAÍZ ROSTIZADO

INGREDIENTES

Para la pasta de chile ancho

1½ chiles anchos, limpios, asados e hidratados
½ naranja (el jugo)
2 cucharadas de miel de agave
Una pizca de sal y pimienta negra molida

Para la salmuera

2 tazas de habas verdes, cocinadas en agua sin sal
4 hojas de epazote, lavadas y desinfectadas
2 tazas de vinagre de vino blanco
2 tazas de agua
2 cucharadas de miel de agave
Una pizca de sal
½ cucharadita de pimientas mixtas

Para la ensalada

1 taza de granos de maíz (elote) cocinados en agua sin sal
1½ tazas de quelites, blanqueados

PREPARACIÓN

Para la pasta de chile ancho

Pon todos los ingredientes en tu licuadora. Procesa hasta integrar y obtener una pasta homogénea y tersa; reserva.

Para la salmuera

Coloca los vegetales dentro de dos frascos con tapa de rosca y reparte adentro las hojas de epazote y las semillas de mostaza. Combina en una olla vinagre, agua, miel, sal y pimientas; deja a fuego alto hasta hervir. Retira del fuego y deja enfriar completamente. Vierte la mezcla de vinagre dentro del frasco con los vegetales, tapa y deja reposar por al menos 2 días.

Para la ensalada

Calienta un sartén y asa los granos de maíz hasta que doren. Escurre los vegetales de la salmuera y reparte en platos habas y granos de maíz. Decora con quelites y coloca la pasta de chile ancho en forma punteada, con ayuda de una manga con duya o con una mamila de cocina. Sirve de inmediato y disfruta.

QUESADILLAS DE HUITLACOCHE
Y PIÑONES CON SALSA DE HABANERO Y CACAHUATE

INGREDIENTES

Para la salsa de habanero y cacahuate

2 chiles habaneros
½ cebolla morada
2 dientes de ajo
¼ de taza de cacahuates naturales
½ taza de agua
Una pizca de sal y pimienta negra molida

Para las quesadillas

1 cucharada de aceite de maíz
½ cebolla, finamente picada
2 dientes de ajo, finamente picados
1½ tazas de huitlacoche (hongo del maíz)
2 cucharadas de hojas de epazote, lavadas, desinfectadas y picadas
¼ de taza de piñones blancos, tostados
250g (8.8 oz) de masa de maíz

PREPARACIÓN

Para la salsa de habanero y cacahuate

Calienta un comal y pon a tatemar los chiles habaneros. Asa ahí mismo la cebolla morada, los ajos y tuesta los cacahuates. Una vez listos, limpia los chiles y pásalos con todos los ingredientes a la licuadora. Licúa hasta obtener una textura cremosa y homogénea; reserva.

Para las quesadillas

Calienta el aceite de maíz en un sartén y saltea cebolla y ajos por unos minutos hasta que comiencen a suavizar. Agrega huitlacoche, epazote y continúa cocinando por 5 minutos moviendo constantemente. Integra piñones, cocina por 3 minutos más y retira del fuego. Forma pequeñas bolitas de masa de maíz con tus manos y aplástalas con una máquina para tortillas. Cocínalas en un comal caliente hasta que inflen y estén muy bien cocinadas. Rellena las tortillas con la mezcla de huitlacoche, ciérralas por la mitad y caliéntalas en el comal hasta que doren ligeramente. Acompaña con la salsa de habanero y cacahuate, sirve de inmediato y disfruta.

¿Qué son las proteínas?

Las proteínas son biomoléculas que cumplen diversas funciones en nuestro cuerpo: las hay estructurales como el colágeno, transportadoras como la hemoglobina, y además, aquellas que realizan las enzimas.

TIEMPO

RENDIMIENTO

PORCIÓN

137	3.2	6.5	0	17.7	2.1
KCAL	PROT	LIP	COL	CH	FIB
28.4	21.4	0.6	0.8	1.9	2.6
CAL	NA	HIE	AGS	AGM	AGP

CELIAQUÍA DIABETES FLEXITARIANA HIPERTENSIÓN

MESOAMERICANA PESCETARIANA VEGANA VEGETARIANA

TRÍO DE TACOS
EN HOJAS DE CHAYA

TRÍO DE TACOS
EN HOJAS DE CHAYA

INGREDIENTES

Para la salsa de aguacate
2 aguacates, en rebanadas
½ limón (el jugo)
Una pizca de sal y pimienta
¼ de taza de pepitas, tostadas

Para los tacos
3 cucharadas de aceite de maíz
1 cebolla morada, finamente picada
3 dientes de ajo, finamente picados
3 chiles serranos, en rodajas delgadas
1½ tazas de germinados de lentejas
1½ tazas de chapulines
7 oz (200 g) de filete de tilapia, en cubos chicos
Una pizca de sal y pimienta negra molida
12 hojas de chaya chicas, lavadas y desinfectadas

PREPARACIÓN

Para la salsa de aguacate
Coloca en un tazón rebanadas de aguacate, jugo de limón, sal, pimienta y machaca con un tenedor hasta integrar. Agrega pepitas, revuelve muy bien y reserva.

Para los tacos
Calienta 3 sartenes medianos y agrega una cucharada de aceite de maíz a cada uno. Reparte cebolla morada, ajos y chiles serranos en los 3 sartenes y cocina por unos minutos hasta que comiencen a suavizar. Cocina germinados de lentejas en un sartén, chapulines en otro, y cubos de tilapia en el último. Saltea los germinados y los chapulines por unos minutos, y el pescado hasta que esté completamente cocinado. Aumenta el sabor con epazote, sal y pimienta.

TIEMPO RENDIMIENTO PORCIÓN

CELIAQUÍA

FLEXITARIANA

MESOAMERICANA
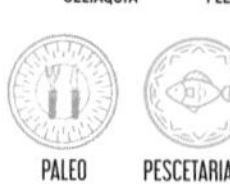
PALEO PESCETARIANA

VEGANA

VEGETARIANA

TACO DE GERMEN DE LENTEJA

262 KCAL	14.1 PROT	20.5 LIP	0 COL	12.5 CH	1.6 FIB
16.7 CAL	146 NA	0.9 HIE	2.6 AGS	7.8 AGM	7.5 AGP

TACO DE CHAPULINES

267 KCAL	16.4 PROT	19.9 LIP	0 COL	9.2 CH	1.2 FIB
16.7 CAL	146 NA	0.9 HIE	2.6 AGS	7.8 AGM	7.5 AGP

CELIAQUÍA

TACO DE TILAPIA

281 KCAL	21 PROT	19.4 LIP	18.5 COL	9.9 CH	1.2 FIB
36.7 CAL	178 NA	1 HIE	2.7 AGS	7.9 AGM	7.7 AGP

CELIAQUÍA

AGUACATES RELLENOS
DE TABULE DE AMARANTO

INGREDIENTES

2 tazas de amaranto, tostado
2 tomates (jitomates), sin semillas y picados
1 taza de perejil lavado, desinfectado y picado
¾ de taza de menta lavada, desinfectada y picada
2 cebollas cambray, finamente picadas (con un poco de tallo)
1 chile serrano, sin semillas y finamente picado
2 cucharadas de aceite de oliva
Una pizca de sal y pimienta negra molida
2 aguacates, maduros pero firmes

PREPARACIÓN

Revuelve en un tazón amaranto, tomate, perejil, menta, cebolla y chile serrano. Agrega el jugo de los limones y el aceite; aumenta el sabor con sal y pimienta. Corta los aguacates en mitades, retírales el hueso y raspa un poco de la pulpa del centro para dejarlos huecos. Pica la pulpa que retiraste, combínala con el tabule y rellena los aguacates. Disfruta de inmediato.

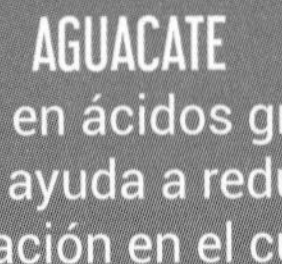

AGUACATE
Es rico en ácidos grasos, el cual ayuda a reducir la inflamación en el cuerpo, evita la oxidación y protege a tu corazón.

TIEMPO	RENDIMIENTO	PORCIÓN
15 MIN	4	½ AGUACATE

154.4 KCAL	5.6 PROT	8.9 LIP	8.7 COL	13.4 CH	1 FIB
2.6 CAL	63.8 NA	0.2 HIE	1.2 AGS	5.1 AGM	0.9 AGP

AYURVÉDICA CELIAQUÍA DIABETES

FLEXITARIANA HIPERTENSIÓN MESOAMERICANA PALEO PESCETARIANA VEGANA VEGETARIANA

CONEJO ADOBADO

CON ENSALADA DE AGUACATE

TIEMPO	RENDIMIENTO	PORCIÓN
30 MIN	8	1 PZA + 1 TZ DE ENSALADA

385	31.3	24.2	82	13.1	1.3
KCAL	PROT	LIP	COL	CH	FIB
19.2	179	2.6	4.3	20	4.2
CAL	NA	HIE	AGS	AGM	AGP

AYURVÉDICA CELIAQUÍA FLEXITARIANA MESOAMERICANA

INGREDIENTES

Para el adobo

3 chiles guajillos, limpios, asados e hidratados
2 chiles chipotles adobados, limpios
½ xoconostle maduro, en cubos
¼ de cebolla, asada
1 naranja (el jugo)
1 hoja de laurel fresco
1 cucharada de hojas de orégano frescas, lavadas y desinfectadas
Una pizca de sal y pimienta negra molida
1 cucharada de vinagre de manzana
¼ de taza de agua en donde hidrataste los chiles

Para el conejo

1 conejo, cortado en piezas
3 cucharadas de aceite de canola
1 cebolla, en cuadros medianos
1 taza de poro (puerro) rebanado
4 dientes de ajo, en láminas
2 tazas de agua o caldo de vegetales sin sal

Para la vinagreta

3 cucharadas de aceite de oliva
1 cucharada de vinagre de vino blanco
1 echalote, finamente picado
1 ajo, machacado
Una pizca de pimienta negra molida

Para la ensalada

3 tazas de quelites mixtos, lavados, desinfectados y troceados
¼ de cebolla morada, fileteada
2 aguacates, en mitades
3 cucharadas de hojas de cilantro, lavadas y desinfectadas

PREPARACIÓN

Para el adobo

Licúa todos los ingredientes, hasta obtener una textura tersa y homogénea. Cuela en un tazón y reserva.

Para el conejo

Precalienta tu horno a 350ºF.
Coloca las piezas del conejo en el tazón con el adobo y cúbrelo perfectamente para que tome todo el sabor. Calienta la mitad del aceite en una olla apta para horno y cocina cebolla, poro y ajo hasta que transparenten, por 8 minutos, aproximadamente. Retira de la olla y reserva. Retira el conejo del tazón y quita el exceso de adobo; resérvalo para más adelante. Calienta el resto del aceite en la misma olla y sella el conejo hasta que dore. Regresa los vegetales y añade el adobo del tazón junto con el agua. Calienta a fuego medio hasta que rompa el hervor. Tapa la olla y termina la cocción del conejo dentro del horno; cocínalo por 45 minutos y báñalo ocasionalmente con los jugos de la cocción.

Para la vinagreta

Coloca todos los ingredientes en un frasco, tapa y agita vigorosamente hasta formar una emulsión.

Para la ensalada

Coloca los quelites y cebolla en un tazón; baña con la vinagreta y revuelve para impregnar los vegetales con todo el sabor. Coloca encima los aguacates y espolvorea con cilantro. Sirve el conejo saliendo del horno y acompaña con la ensalada. Comparte y disfruta.

PUDÍN DE CHOCOLATE

INGREDIENTES

1 aguacate maduro, en cubos
1 plátano tabasco maduro, en rodajas
4 cucharadas de cocoa en polvo sin azúcar
2 cucharadas de miel de agave
1 cucharadita de extracto de vainilla
Una pizca de sal
Agua de coco (según se necesite)
Hojas de menta frescas, lavadas
y desinfectadas (para decorar)

PREPARACIÓN

Coloca en tu procesador todos los ingredientes, excepto la menta. Procesa hasta obtener una consistencia muy cremosa y homogénea. Agrega un poco de agua de coco de ser necesario. Pasa la preparación a 4 moldes individuales y refrigera por 15 minutos. Decora el pudín con menta fresca y disfruta.

Proceso de elaboración del chocolate

1 Se obtiene la semilla de cacao del fruto.
2 Se limpia y se deja secar al sol.
3 Los granos secos se tuestan y se les retira la cáscara.
4 Los granos son molidos y prensados para separar la pasta de cacao de la manteca de cacao.
5 La pasta de cacao es molida junto con los demás ingredientes que lleva el producto final (azúcar, leche, especias o semillas).
6 El conchado es el paso final por el que pasa el chocolate antes de ser empaquetado y distribuido. Este paso consiste en agregar la manteca de cacao y asegurarse de que ésta cubra microscópicamente las partículas de la pasta de cacao y los azúcares, y depurar cualquier impureza presente mediante movimiento constante, dándole al chocolate su textura única.

TIEMPO RENDIMIENTO 

PORCIÓN

134	3.7	4.5	0	14.6	0.4
KCAL	PROT	LIP	COL	CH	FIB
1.3	117.25	0	0.7	1.6	0.2
CAL	NA	HIE	AGS	AGM	AGP

AYURVÉDICA

CELIAQUÍA

CRUDIVEGANA
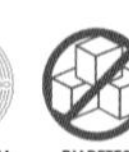
DIABETES

FLEXITARIANA

HIPERTENSIÓN

MESOAMERICANA

PALEO

VEGANA

VEGETARIANA

INFUSIÓN DE CARDAMOMO Y MENTA

INGREDIENTES

Para la miel de jengibre y vainilla

1 taza de agua
1 taza de azúcar mascabado
¼ de taza de jengibre, rebanado
2 vainas de vainilla

Para el coctel

½ taza de hojas de menta, lavadas y desinfectadas
2 cucharadas de cardamomo, recién triturado
2 cucharadas de azúcar mascabado
Hielos, al gusto
2 tazas de agua mineral

PREPARACIÓN

Para la miel de jengibre y vainilla

Combina en una olla agua, azúcar mascabado, jengibre y calienta a fuego medio. Abre las vainas de vainilla en mitades transversales y retira las semillas con la auyda de la punta de un cuchillo mondador o una cuchara. Agrégalas a la olla junto con las vainas y mezcla bien. Sigue cocinando hasta que el líquido reduzca a la mitad y tome una consistencia de jarabe. Enfría y reserva.

Para el coctel

Reparte en 2 vasos grandes hojas de menta, cardamomo, azúcar y tritura con la mano de un mortero para extraer los aceites esenciales de la menta. Agrega hielos, un poco de jarabe de jengibre y vainilla y llena los vasos con agua mineral. Comparte y disfruta de inmediato.

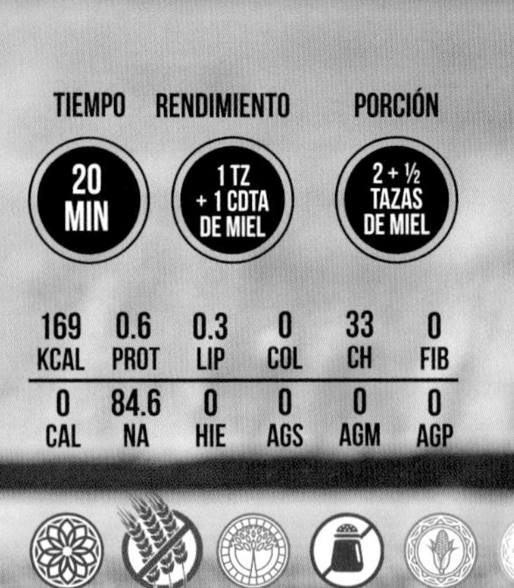

TIEMPO	RENDIMIENTO	PORCIÓN
20 MIN	1 TZ + 1 CDTA DE MIEL	2 + ½ TAZAS DE MIEL

169	0.6	0.3	0	33	0
KCAL	PROT	LIP	COL	CH	FIB
0	84.6	0	0	0	0
CAL	NA	HIE	AGS	AGM	AGP

AYURVÉDICA · CELIAQUÍA · FLEXITARIANA · HIPERTENSIÓN · MESOAMERICANA · PESCETARIANA · VEGANA · VEGETARIANA

Yo siempre estaré a favor de las dietas poco restrictivas, más equilibradas. Sin embargo, he visto cómo personas que han hecho de la alimentación paleo un estilo de vida, han descubierto en los alimentos milenarios un camino de salud y bienestar que nunca habrían imaginado. ”

–Chef Oropeza

Paleo

Su filosofía es llevar el tipo de alimentación que se tenía en la era paleolítica, bajo el argumento de que el ADN de los seres humanos modernos no ha cambiado de manera relevante en los últimos 40 mil años. Quienes siguen esta tendencia alimentaria aseguran que los ingredientes ancestrales formaron individuos más aptos para sobrevivir.

PROS

Está compuesta por ingredientes naturales. Reduce el riesgo de padecer enfermedades cardiacas y diabetes tipo 2. No requiere equilibrar grupos de alimentos ni medir porciones. Promueve la reducción gradual de peso.

CONTRAS

Es una alimentación que excluye un gran número de alimentos. Su contenido de calorías diario podría no cubrir las necesidades de algunas personas.

MITO

La falta de vitaminas y minerales a causa de una dieta tan restrictiva. Para sus defensores, esta alimentación contiene todos los nutrimentos que una persona necesita.

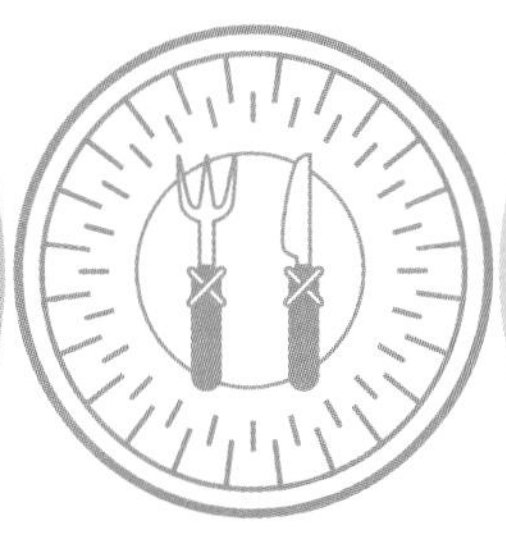

MITO

Ha sido muy criticada por no incluir suficientes carbohidratos. En su libro *La Dieta paleolítica. La paleodieta,* el investigador Loren Cordain explica que los carbohidratos que comían nuestros antepasados provenían de frutas y vegetales silvestres, por lo que el consumo de estos era bajo, mientras que el de fibra muy elevado.

ALIMENTOS PERMITIDOS

Frutas
Vegetales
Carnes magras
Animales del mar
Tubérculos

ALIMENTOS NO PERMITIDOS

Cereales
Legumbres
Lácteos
Harinas
Sal
Azúcar (solo miel)
Alimentos procesados

TIEMPO

10 MIN

RENDIMIENTO

4

PORCIÓN

1 TAZA

526.58	11.61	36.18	0.00	39.49	6.19
KCAL	PROT	LIP	COL	CH	FIB
117.83	19.25	3.58	17.14	2.74	7.30
CAL	NA	HIE	AGS	AGM	AGP

AYURVÉDICA CELIAQUÍA FLEXITARIANA HIPERTENSIÓN

PALEO PESCETARIANA VEGANA VEGETARIANA

TAZÓN DE CEREALES Y FRUTAS

INGREDIENTES

1½ tazas de avena
4 cucharadas de semillas de chía
3 cucharadas de pepitas de calabaza naturales
2 cucharadas de semillas de girasol
4 cucharadas de hojuelas de coco, tostadas
1 taza de jugo de naranja, recién exprimido
1½ tazas de leche de almendras sin azúcar
1 cucharadita de extracto de vainilla
2 cucharadas de miel de abeja
1 taza de moras azules, lavadas y desinfectadas
2 duraznos (melocotones) en cubos chicos

PREPARACIÓN

Combina en un frasco o tazón avena, chía, pepitas, semillas de girasol y coco. Agrega jugo de naranja, leche de almendras, vainilla y miel; revuelve bien hasta incorporar y que todos los ingredientes se humedezcan. Tapa el frasco y refrigera por al menos 12 horas para que la avena suavice. Sirve frío acompañado con moras azules y durazno. Comparte y disfruta.

BONELESS
BÚFALO DE COLIFLOR

INGREDIENTES

Para la salsa búfalo
¼ taza de salsa extra picante
1 cucharada de ajo en polvo
1 cucharadita de orégano seco
¼ de taza de vinagre blanco
1 cucharada de aceite de ajonjolí
Una pizca de pimienta negra molida
4 cucharadas de aceite de coco, fundido

Para los *boneless* de coliflor
1 coliflor mediana, lavada y desinfectada
½ taza de harina de amaranto (amaranto molido)

Para servir
¾ de taza de nueces de la india, remojadas por 6 horas y escurridas
1 limón amarillo (ralladura y jugo)
Una pizca de pimienta roja molida
1 cucharadita de aceite de oliva
2 cucharadas de leche de almendras
1 diente de ajo, asado
Bastones de vegetales al gusto (zanahoria y apio)

PREPARACIÓN

Para la salsa búfalo
Mezcla todos los ingredientes en un tazón hasta incorporar y reserva.

Para los *boneless* de coliflor
Precalienta tu horno a 350°F.
Corta la coliflor en ramitos medianos y colócalos en el tazón con la salsa. Revuelve bien para que se impregnen con todo el sabor; marina de 60 a 90 minutos. Escurre la coliflor y coloca los ramitos sobre una rejilla con charola. Espolvoréalos con harina de amaranto y hornea de 12 a 16 minutos hasta que suavice y rostice ligeramente. Al salir del horno, pasa nuevamente la coliflor por el tazón con la salsa búfalo y revuelve hasta que todos los *boneless* se cubran.

Para servir
Procesa las nueces con ralladura de limón, pimienta roja, aceite de oliva, leche de almendras, ajo y jugo de limón hasta obtener una mezcla suave, homogénea y ligeramente espesa. Sirve los *boneless* de coliflor con el aderezo y bastones de vegetales. Comparte y disfruta.

TIEMPO	RENDIMIENTO	PORCIÓN
30 MIN	12	1/3 TAZA

145 KCAL	3.2 PROT	10 LIP	0 COL	11 CH	2.1 FIB
4.2 CAL	41.5 NA	0.1 HIE	5.1 AGS	2.9 AGM	1.2 AGP

AYURVÉDICA · CELIAQUÍA · DIABETES · FLEXITARIANA · HIPERTENSIÓN
PALEO · PESCETARIANA · VEGANA · VEGETARIANA

SMOOTHIE DESINTOXICANTE

INGREDIENTES

1 taza de espinacas baby, lavadas y desinfectadas
2 cucharadas de hojas de menta, lavadas y desinfectadas
1 pepino, en rodajas
1 manzana verde, en medias lunas
½ bulbo de hinojo, picado
1 taza de leche de almendras

PREPARACIÓN

Coloca todos los ingredientes en tu licuadora y procesa hasta integrar. Sirve de inmediato, comparte y disfruta.

PORCIÓN
1 TAZA

97	2.2	1.5	0	18.1	2.8
KCAL	PROT	LIP	COL	CH	FIB
200	103	0.8	0	0.8	0.3
CAL	NA	HIE	AGS	AGM	AGP

AYURVÉDICA CELIAQUÍA CRUDIVEGANA FLEXITARIANA

PALEO PESCETARIANA VEGANA VEGETARIANA

TABULE
DE COLIFLOR

INGREDIENTES

1 coliflor mediana, sin hojas ni tallos
2 tazas de tomates *cherry*, en mitades parrilladas
½ cebolla morada, finamente picada
½ taza de hojas de perejil, lavadas, desinfectadas y picadas
¼ de taza de hojas de menta, lavadas, desinfectadas y picadas
1 cucharada de aceite de oliva
2 cucharadas de jugo de limón
Una pizca de sal y pimienta negra molida

PREPARACIÓN

Corta la coliflor en cuartos y rállala con ayuda de un rallador fino para obtener la textura del *cuscús* o de quinoa. Combina la coliflor junto con el resto de los ingredientes en un tazón y deja reposar 20 minutos en refrigeración. Sirve frío y disfruta.

* Esta versión de tabule libre de granos brinda un gran aporte de antioxidantes y fibra dietética que favorecen la eliminación de glucosa gradualmente.

Desintoxícate
Las frutas cítricas, como la lima, el limón, la naranja y el kiwi son alimentos desintoxicantes, depurativos y antioxidantes.

TIEMPO

RENDIMIENTO

PORCIÓN

80	2.9	3.2	0	10.8	3.2
KCAL	PROT	LIP	COL	CH	FIB
0.3	56.6	0.3	0.4	1.9	0.2
CAL	NA	HIE	AGS	AGM	AGP

AYURVÉDICA

CELIAQUÍA

CRUDIVEGANA

DIABETES

FLEXITARIANA

HIPERTENSIÓN

PALEO
PESCETARIANA

VEGANA

VEGETARIANA

INGREDIENTES

3 tazas de coliflor, en ramitos
2 dientes de ajo, en mitades
1 echalote, en mitades
¼ de cebolla, en cuadros
2 cucharadas de aceite de oliva
2 cucharadas de tomillo, lavado y desinfectado
1 cucharadita de cúrcuma molida
Una pizca de sal y pimienta negra molida
3 tazas de caldo de vegetales
2 cucharadas de queso parmesano, en láminas delgadas (opcional)
2 cucharadas de nueces de la india naturales y en mitades
2 cucharadas de hojas de perejil chicas, lavadas y desinfectadas
2 cucharaditas de chiles secos picados
1 cucharada de pimentón

PREPARACIÓN

Precalienta tu horno a 400ºF.
Coloca coliflor, ajo, echalote y cebolla en una charola con papel encerado. Agrega aceite de oliva, tomillo, cúrcuma, sal y pimienta negra molida. Hornea por 30 minutos, moviendo cada 5 minutos hasta que la coliflor suavice y rostice ligeramente. Pasa los vegetales a tu licuadora y procesa poco a poco mientras agregas el caldo hasta obtener una sopa cremosa. Vierte la sopa en una olla y calienta a fuego bajo hasta que hierva. Sirve caliente en tazones soperos y decora con queso parmesano (opcional), nueces de la india, perejil, chiles secos y pimentón.

SOPA CREMOSA
DE COLIFLOR ROSTIZADA

TIEMPO	RENDIMIENTO	PORCIÓN

25 MIN	4	1 TAZA

145 KCAL	3.7 PROT	10.2 LIP	0 COL	12.9 CH	2.1 FIB
2.1 CAL	73.4 NA	0.8 HIE	1.4 AGS	6.4 AGM	0.9 AGP

AYURVÉDICA CELIAQUÍA DIABETES FLEXITARIANA HIPERTENSIÓN PALEO PESCETARIANA VEGANA VEGETARIANA

FAJITAS DE ARRACHERA
A LOS TRES CHILES

INGREDIENTES

1 diente de ajo, asado
Una pizca de comino molido
¼ de cebolla, asada
1 chile jalapeño, limpio y asado
1 chile guajillo, limpio, asado e hidratado
1 chile pasilla, limpio, asado e hidratado
½ taza de agua
1 cucharada de aceite de canola
14 oz (400 g) de fajitas de arrachera
1 pimiento verde, en julianas
1 pimiento rojo, en julianas
1 pimiento amarillo, en julianas
Una pizca de sal, pimienta negra molida y orégano seco
4 cucharadas de cilantro, lavado, desinfectado y ligeramente picado

PREPARACIÓN

Licúa el ajo con comino, cebolla, tomate, chile jalapeño, guajillo, pasilla y agua hasta integrar por completo. Calienta el aceite en un sartén grande y asa las fajitas de arrachera hasta que doren y cambien de color. Incorpora los vegetales y saltea por un minuto para que tomen un tono brillante. Añade la salsa, baja el fuego y cocina por 5 minutos más. Retira del fuego, espolvorea el cilantro y disfruta.

¿Qué función tienen los carbohidratos?
Son la principal fuente de energía para el cuerpo, pues de forma inmediata se convierten en glucosa, sustancia necesaria para el óptimo funcionamiento del organismo.

TIEMPO	RENDIMIENTO	PORCIÓN
20 MIN	4	100 G +½ TZ DE ARROZ

440	27	21.6	59	33.4	1
KCAL	PROT	LIP	COL	CH	FIB
13.8	162.1	4	7.4	10.7	1.8
CAL	NA	HIE	AGS	AGM	AGP

CELIAQUÍA

FLEXITARIANA

PALEO

LOAF DE HONGOS

CON SALSA DE JITOMATES DESHIDRATADOS Y ALBAHACA

INGREDIENTES

Para la salsa

1 cucharada de aceite de oliva
½ cebolla, picada
2 dientes de ajo, picados
1½ tazas de tomates (jitomates) deshidratados, picados
4 tomates (jitomates), escalfados, pelados y picados
½ taza de caldo de vegetales sin sal
5 cucharadas de albahaca, lavada, desinfectada y fileteada
Una pizca de sal y pimienta negra molida

Para el *loaf*

1 cucharada de aceite de oliva
3 echalotes, fileteados
4 dientes de ajo, picados
3 chiles serranos, sin semillas y picados
1.5 lb (750 g) de champiñones, finamente picados
5 oz (150 g) de hongos pajarito, finamente picados
5 oz (150 g) de setas, finamente picadas
2 cucharaditas de tomillo fresco
2 huevos
1 cucharadita de clavo molido
Una pizca de sal y pimienta negra molida

PREPARACIÓN

Para la salsa

Calienta el aceite en una olla y acitrona la cebolla y el ajo. Agrega los tomates (jitomates) y saltea. Vierte el caldo de vegetales y deja en el fuego por 5 minutos más o hasta que hierva. Pasa todo a un procesador de alimentos. Agrega la albahaca, sal y pimienta, y procesa la salsa hasta obtener una textura homogénea y pesada; reserva caliente.

Para el *loaf*

Precalienta tu horno a 350°F.
Calienta un sartén. Vierte aceite y acitrona echalotes, ajos y chiles. Agrega los hongos y el tomillo, baja el fuego y cocina hasta suavizar. Pasa los hongos cocinados a un tazón y deja enfriar. Elimina el exceso de líquido de los hongos, envolviéndolos en una manta de cielo limpia y presionando con firmeza. Regrésalos al tazón y mezcla con los ingredientes restantes. Coloca la preparación en un refractario rectangular ligeramente engrasado. Hornea por 20 minutos o hasta que la superficie se torne levemente dorada. Retira del horno, deja enfriar ligeramente y desmolda. Sirve porciones del *loaf* de hongos con la salsa.

TIEMPO	RENDIMIENTO	PORCIÓN
45 MIN	8	1 REBANADA

174	8.5	9.5	53.2	17.6	3.6
KCAL	PROT	LIP	COL	CH	FIB
6	160.2	0.4	1.6	4.4	2.45
CAL	NA	HIE	AGS	AGM	AGP

AYURVÉDICA · CELIAQUÍA · DIABETES · FLEXITARIANA
HIPERTENSIÓN · MESOAMERICANA · PALEO · PESCETARIANA

PERAS HORNEADAS
CON MIEL Y SEMILLAS

INGREDIENTES

Para las peras
1½ tazas de jugo de naranja natural
4 cucharadas de miel de agave
4 peras, sin piel y en mitades
½ cucharada de cardamomo molido

Para la mezcla de semillas
3 cucharadas de semillas de girasol
3 cucharadas de pepitas,
3 cucharadas de almendras, ligeramente picadas
½ cucharadita de canela
2 cucharadas de azúcar mascabado

PREPARACIÓN

Para las peras
Precalienta tu horno a 350ºF.
Mezcla el jugo de naranja y la miel de agave hasta integrar. Coloca las peras en un refractario para horno, báñalas con la mezcla anterior y espolvoréalas con cardamomo. Hornea por 15 minutos.

Para la mezcla de semillas
Coloca las semillas en un sartén a fuego medio. Cuando comiencen a liberar su aroma espolvorea la canela y el azúcar. Cocina sin dejar de mover hasta que el azúcar se funda. Retira del fuego y coloca las semillas sobre una hoja de papel encerado; deja enfriar. Sirve las peras en platos semiprofundos con un poco de los jugos de la cocción y espolvorea con la mezcla de semillas. Comparte y disfruta.

PERAS
Poseen ácido fólico y vitaminas del complejo B, éstas últimas son eficaces para reforzar tu sistema nervioso central.

TIEMPO

RENDIMIENTO

PORCIÓN

200 KCAL	3.1 PROT	5.4 LIP	0 COL	25.1 CH	1.6 FIB
0 CAL	151.8 NA	0 HIE	0.5 AGS	1.2 AGM	1.6 AGP

CELIAQUÍA

FLEXITARIANA

PALEO

PESCETARIANA

VEGANA

VEGETARIANA

POSTRE CRUJIENTE
DE CIRUELAS Y CHÍA

INGREDIENTES

3 tazas de ciruelas frescas, sin hueso y en cuartos
1½ cucharadas de hojas de romero, lavadas, desinfectadas y picadas
2 cucharadas de jugo de toronja natural
¼ de taza de dátiles sin hueso, finamente picados
¼ de taza de chabacanos (damascos) deshidratados, finamente picados
⅓ de taza de almendras, fileteadas (con piel)
3 cucharadas de semillas de chía
½ cucharadita de canela molida

PREPARACIÓN

Combina en un tazón las ciruelas junto con romero y una cucharada de jugo de toronja; revuelve muy bien y pásalas a un refractario circular mediano. Coloca en la licuadora o procesador de alimentos los dátiles con chabacanos, almendras, chía, canela y el resto del jugo de toronja; procesa hasta integrar. Coloca la mezcla sobre las ciruelas en el refractario y refrigera por 20 minutos antes de servir. Comparte y disfruta.

TIEMPO	RENDIMIENTO	PORCIÓN
30 MIN	6	1 REBANADA

147 KCAL	3.5 PROT	6.2 LIP	0 COL	22 CH	6.1 FIB
13.5 CAL	1.5 NA	0.3 HIE	0.2 AGS	1.8 AGM	3.1 AGP

Incluir productos del mar con una alimentación alta en frutas y vegetales, me parece una combinación ganadora para quienes buscan llenarse de energía y sentirse ligeros al mismo tiempo. ”

–Chef Oropeza

Pescetariana

Este tipo de alimentación está basada en los principios de la dieta vegetariana, la cual es rica en frutas, vegetales, semillas y cereales. La diferencia es que los pescetarianos han incluido a su menú pescados y mariscos.

PROS

Puede reducir el riesgo de contraer enfermedades cardiacas. Es efectiva para reducir de peso y estimula el buen funcionamiento cerebral.

CONTRAS

Para algunas personas el consumo de grasas saturadas de alta calidad provenientes de las carnes rojas y las aves, puede ser benéfico.

UN DATO

Las dietas compuestas de un índice elevado de vegetales suelen acelerar el metabolismo. Por otro lado, esta alimentación es alta en omega 3, ácidos grasos esenciales para el óptimo funcionamiento del organismo.

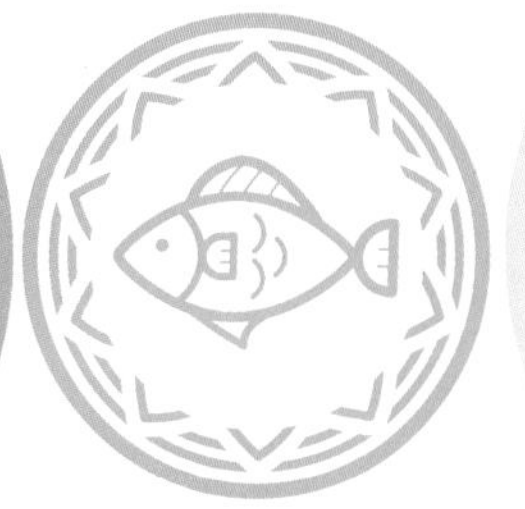

LARGA VIDA

Estudios han demostrado que los habitantes de lugares donde se consume pescado a diario, llegan a vivir más que aquellos en los que predomina el consumo de carne de res.

ALIMENTOS PERMITIDOS

Pescado
Mariscos
Frutas
Vegetales
Granos enteros
Huevo (opcional)
Lácteos
Leguminosas
Semillas

ALIMENTOS NO PERMITIDOS

Aves
Carne de animales terrestres
Huevos (opcional)

AGUACHILE DE BAGRE

INGREDIENTES

1 taza de agua
½ taza de jugo de limón
½ cucharadita de sal
1 chile serrano, sin semillas
½ taza de hojas de cilantro, lavadas y desinfectadas
12 oz (350 g) de filete de bagre fresco, en láminas delgadas
¼ de cebolla morada, fileteada
¼ de pepino mediano, en medias lunas delgadas (con cáscara)
½ aguacate, en láminas delgadas (opcional)
Brotes de cilantro, lavados y desinfectados (opcional)

PREPARACIÓN

Coloca en tu licuadora agua, jugo de limón, sal, chile serrano y cilantro, licúa hasta incorporar perfectamente. Coloca las láminas de pescado en un tazón junto con los vegetales y báñalos con la salsa. Deja reposar por 20 minutos en refrigeración. Sirve el aguachile en platos extendidos. Si lo deseas, decora con aguacate y brotes de cilantro.

TIEMPO	RENDIMIENTO	PORCIÓN
25 MIN	4	85 G

96 KCAL	14.7 PROT	2.6 LIP	50.8 COL	3.3 CH	0.5 FIB
14.3 CAL	328.7 NA	0.3 HIE	0.6 AGS	0.7 AGM	0.8 AGP

AYURVÉDICA CELIAQUÍA DIABETES FLEXITARIANA

HIPERTENSIÓN MESOAMERICANA PALEO PESCETARIANA

CRUJIENTES DE PLÁTANO

CON FARSA DE TILAPIA Y AGUACATE

INGREDIENTES

Para los crujientes

1 plátano macho verde
2 cucharaditas de aceite de oliva
Una pizca de orégano seco molido
½ cucharadita de chiles secos molidos
Una pizca de pimienta negra molida

Para la farsa

2 filetes de tilapia, pochados y picados
¼ de cebolla morada, finamente picada
½ cucharada de aceite de oliva
1 aguacate maduro, en cubos
2 cucharadas de hojas de cilantro, lavadas, desinfectadas y picadas
½ limón sin semillas
Una pizca de sal y pimienta negra molida

PREPARACIÓN

Para los crujientes

Precalienta tu horno a 325°F.
Corta el plátano en mitades y saca láminas delgadas con ayuda de una mandolina de cocina. Retira la piel y colócalas en una charola con papel encerado. Barniza con aceite de oliva y espolvorea con el resto de los ingredientes. Hornea los plátanos de 20 a 30 minutos, hasta que las láminas estén crujientes.

Para la farsa

Combina en un tazón todos los ingredientes hasta incorporar bien. Refrigera hasta el momento de servir. Disfruta la farsa de tilapia sobre los crujientes de plátano y comparte.

PLÁTANOS
Promueven la absorción de hierro en el organismo. Entre otros nutrimentos, contienen vitamina C, ideal para reforzar el sistema inmunológico.

TIEMPO · RENDIMIENTO

PORCIÓN

116.5	5.8	4.7	9.2	7.6	0.5
KCAL	PROT	LIP	COL	CH	FIB
8	52.3	0	0.7	2.9	0.5
CAL	NA	HIE	AGS	AGM	AGP

CELIAQUÍA

DIABETES

FLEXITARIANA

HIPERTENSIÓN

MESOAMERICANA

PALEO

PESCETARIANA

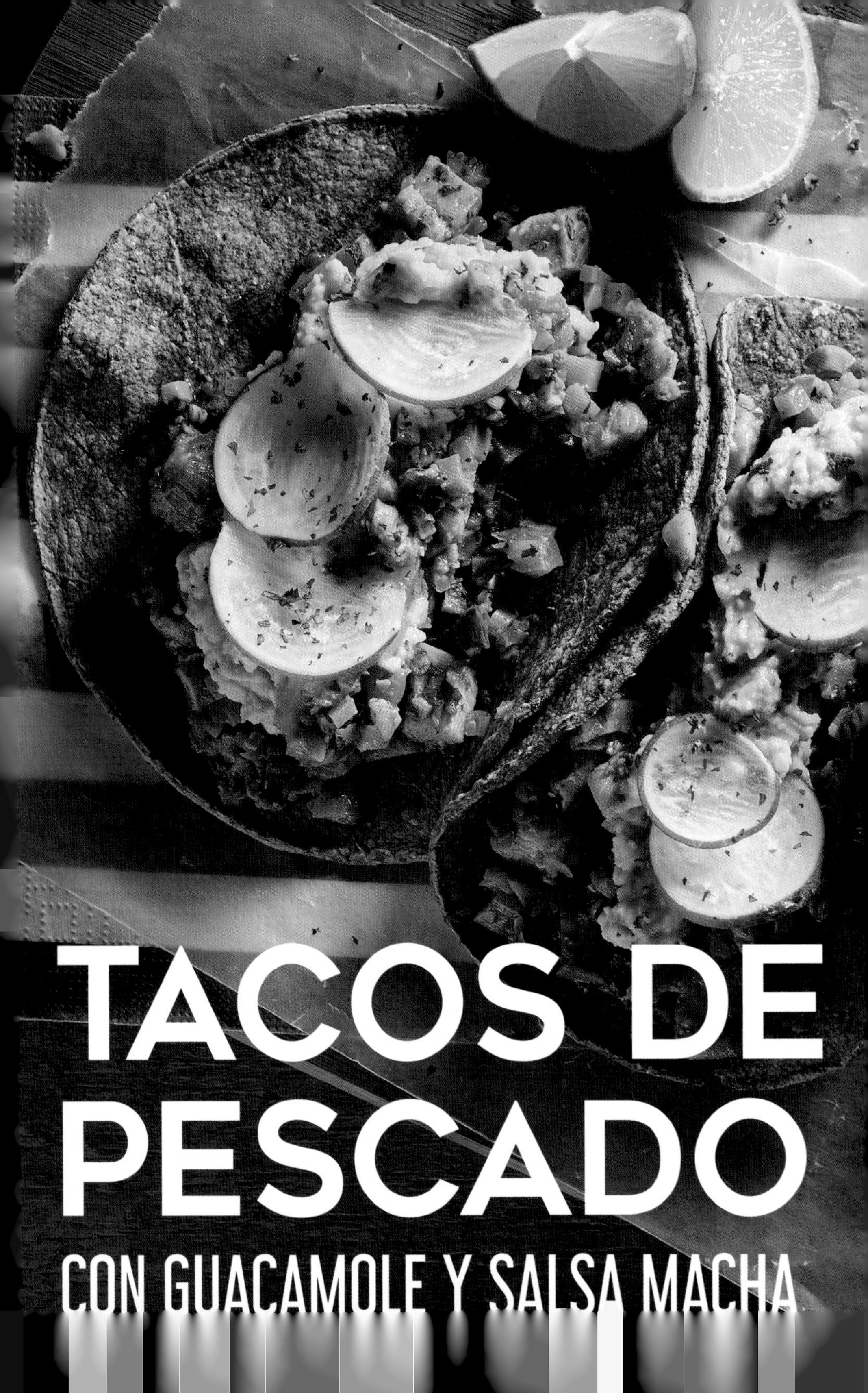
TACOS DE PESCADO
CON GUACAMOLE Y SALSA MACHA

TACOS DE PESCADO
CON GUACAMOLE Y SALSA MACHA

INGREDIENTES

Para la salsa macha

1 cucharada de aceite de aguacate
2 chiles de árbol secos
4 dientes de ajo, picados
⅓ de taza de cacahuates naturales, en mitades
½ taza de aceite de oliva

Para el relleno

1½ cucharadas de aceite de aguacate
2 dientes de ajo, finamente picados
½ cebolla, finamente picada
½ pimiento verde, picado
1 tallos de apio, picados
1 zanahoria, picada
7 oz (200 g) de filete de trucha, en cubos chicos
1 tomate (jitomate), sin semillas y picado
6 aceitunas verdes sin hueso, picadas
Una pizca de pimienta negra molida

Para los tacos

8 tortillas medianas de maíz azul hechas a mano
¼ de taza de guacamole
Cebolla morada encurtida, al gusto
2 rábanos cambray, en rodajas delgadas
¼ de taza de brotes de cilantro, lavados y desinfectados

PREPARACIÓN

Para la salsa

Calienta el aceite de aguacate en un sartén y fríe los chiles junto con los ajos y los cacahuates hasta que doren. Enfría y pasa los ingredientes a la licuadora o procesador de alimentos. Añade aceite de oliva y procesa hasta incorporar perfectamente. Conserva en un frasco.

Para el relleno

Calienta el aceite en un sartén grande y cocina ajo, cebolla, pimiento y zanahoria hasta que suavicen y la cebolla se torne transparente. Incorpora el pescado y saltea hasta que cambie de color. Añade tomate, aceitunas y pimienta. Cocina por 2 minutos más y reserva.

Para los tacos

Calienta las tortillas en un comal y monta una porción del relleno sobre cada una. Decora con guacamole, cebolla morada encurtida, rábanos y brotes de cilantro. Comparte y disfruta.

TIEMPO	RENDIMIENTO	PORCIÓN
25 MIN	8	1 TACO

332	8.5	25.2	14.8	19.6	1.8
KCAL	PROT	LIP	COL	CH	FIB
67.4	138.1	1	3.3	16.2	2.9
CAL	NA	HIE	AGS	AGM	AGP

CELIAQUÍA

FLEXITARIANA

HIPERTENSIÓN

MESOAMERICANA

PESCETARIANA

FONDO O FUMET
DE PESCADO

INGREDIENTES

2 L de huesos de pescado
2 cabezas de pargo rojo (red snapper)
9 tazas de agua fría
1½ tazas de cebolla, en cuadros grandes
½ taza de poro (puerro) rebanado
1 taza de apio, en cubos grandes
1 taza de zanahoria, en cubos grandes
2 ramas de perejil fresco, lavadas y desinfectadas
2 pimientas negras
¼ de taza de vino blanco seco

PREPARACIÓN

Enjuaga bien los huesos y la cabeza del pargo rojo (red snapper). Colócalo en una olla junto con el agua, cebolla, poro, apio y zanahoria. Pon a fuego alto y deja hervir. Reduce la temperatura cuando esto suceda, permitiendo un burbujeo suave pero constante. Cocina por 30 minutos para extraer todo el sabor de los ingredientes. Agrega el perejil y las pimientas a los 20 minutos de cocción. Retira la espuma de la superficie del agua conforme se forme. Agrega el vino al caldo y rectifica el sabor con sal; hierve por 10 minutos más. Cuela el caldo para retirar impurezas: lo puedes hacer a través de un colador fino y/o utilizando una manta de cielo bien enjuagada. Usa el caldo, sirve o enfría y reserva en refrigeración hasta que lo utilices.

¿Qué contiene el pescado?
Es rico en omega 3, ácidos grasos que aumentan el HDL (colesterol bueno) en el organismo, entre otros beneficios.

TIEMPO

RENDIMIENTO

PORCIÓN

10 KCAL	0.1 PROT	0.5 LIP	0 COL	0.6 CH	0.1 FIB
0 CAL	0.2 NA	0.2 HIE	0 AGS	0 AGM	0 AGP

AYURVÉDICA

CELIAQUÍA

DIABETES

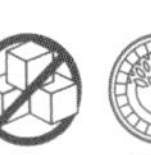

FLEXITARIANA

HIPERTENSIÓN

MESOAMERICANA

PALEO

PESCETARIANA

ENSALADA
DE LENTEJAS
CON CALLOS DE HACHA Y ROMERO

ENSALADA DE LENTEJAS

CON CALLOS DE HACHA Y ROMERO

INGREDIENTES

Para la vinagreta

½ naranja (el jugo)
1 echalote, finamente picado
2 cucharadas de romero fresco, picado
1 cucharadita de miel de abeja
4 cucharadas de aceite de oliva
1 cucharada de vinagre de manzana
Una pizca de sal y pimienta negra molida

Para la ensalada

16 callos de hacha chicos y frescos
4 ramas de romero grandes, lavadas
y desinfectadas
Una pizca de sal de grano
Pimienta negra recién molida, al gusto
2 pimientos verdes, en cubos chicos
2 pimientos amarillos, en cubos chicos
2 pimientos rojos, en cubos chicos
3 tazas de germinado de lentejas

PREPARACIÓN

Para la vinagreta

Coloca todos los ingredientes en un frasco. Tapa y agita hasta formar una emulsión; reserva.

Para la ensalada

Ensarta dos callos en cada rama de romero con todo y hojas. Ásalos en un sartén caliente y agrega un poco de la vinagreta. Calienta otro sartén y saltea el resto de los ingredientes con un poco más de vinagreta hasta que estén ligeramente dorados. Sirve en platos la mezcla de vegetales y lentejas en forma de línea. Coloca encima las brochetas de callos y acompaña con el resto de la vinagreta. Comparte y disfruta.

¿Qué función tienen las vitaminas?
Ayudan al organismo a usar la energía que brindan los alimentos y brindan beneficios como fortalecer los huesos.

TIEMPO: 25 MIN

RENDIMIENTO:

PORCIÓN:

186	12.6	10.3	42.5	13.8	0.8
KCAL	PROT	LIP	COL	CH	FIB
15.5	222.6	1.6	1.1	5.6	0.6
CAL	NA	HIE	AGS	AGM	AGP

AYURVÉDICA

CELIAQUÍA

DIABETES

FLEXITARIANA

HIPERTENSIÓN

PALEO

PESCETARIANA

INFUSIÓN DE NARANJA CON ARÁNDANOS

INGREDIENTES

2 tazas de agua
1 taza de piel de naranja, limpia
1 taza de arándanos deshidratados
1 anís estrella
2 ramitas de menta, lavadas y desinfectadas
1 taza de jugo de naranja recién exprimido

TIEMPO	RENDIMIENTO	PORCIÓN
20 MIN	1 TAZA	4

104 KCAL	6 PROT	0 LIP	0 COL	21 CH	7 FIB
33 CAL	3 NA	1 HIE	0 AGS	0 AGM	0 AGP

AYURVÉDICA · CELIAQUÍA · FLEXITARIANA · PALEO · PESCETARIANA · VEGANA · VEGETARIANA

PREPARACIÓN

Coloca el agua en una olla y añade piel de naranja, arándanos, anís y menta. Hierve a fuego bajo por 2 minutos, retira del fuego y deja infusionar por 10 minutos. Añade el jugo de naranja a la infusión y sirve caliente o fría.

TACOS DE PESCADO
CON ENSALADA DE COL

INGREDIENTES

Para la ensalada

⅓ de taza de vinagre blanco
2 cucharadas de mayonesa baja en grasa
1 cucharadita de mostaza en polvo
¼ de cucharadita de pimienta negra molida
1 taza de col blanca, lavada, desinfectada y fileteada
1 taza de col morada, lavada, desinfectada y fileteada
1 tomate (jitomate), picado, sin semillas
2 cucharadas de cilantro, lavado, desinfectado y ligeramente picado

Para el pescado

2 cucharadas de aceite de oliva
2 cucharadas de jugo de limón
1 cucharadita de ralladura de cáscara de limón
¼ de cucharadita de orégano seco molido
4 filetes de pargo rojo, en tiras 4 oz(120 g c/u)
Una pizca de sal y pimienta negra molida
1 taza de harina
1 taza de agua mineral
2 tazas de aceite de canola (para freír)

Para servir

8 tortillas de harina
8 cucharadas de guacamole
2 limones sin semillas, en cuartos

PREPARACIÓN

Para la ensalada

Mezcla en un tazón el vinagre junto con mayonesa, mostaza en polvo y pimienta hasta formar una textura homogénea. Integra la col y revuelve para que se impregne con todo el sabor. Añade al tazón el resto de los ingredientes y cúbrelo con plástico autoadherible. Reserva en refrigeración mientras sigues con la preparación.

Para el pescado

Combina en un tazón aceite de oliva, jugo de limón, ralladura de limón y orégano. Coloca las tiras de pescado en un refractario y báñalas con la mezcla anterior; espolvorea con sal y pimienta y deja reposar en refrigeración por 10 minutos. Integra en un tazón harina y agua mineral; bate con ayuda de un batidor globo hasta incorporar por completo y obtener una textura ligeramente pesada. Pasa las tiras de pescado marinadas al tazón con la preparación anterior y revuelve bien para que se impregnen por completo de esta mezcla. Calienta el aceite en un sartén mediano y profundo. Toma una tira de pescado con ayuda de unas pinzas, escurre el excedente de la mezcla y agrega con cuidado al sartén. Repite el procedimiento con el resto de las tiras y cocínalas por grupos dentro del aceite hasta que tomen un ligero tono dorado. Retira del sartén, escurre bien y deja reposar en papel absorbente para retirar el exceso de aceite.

Para servir

Calienta las tortillas en un sartén o comal y coloca al centro un poco de ensalada de col, tiras de pescado y guacamole. Sirve de inmediato y disfruta.

TIEMPO

RENDIMIENTO

PORCIÓN

548.2	20.5	32.4	24.0	47.6	3.1
KCAL	PROT	LIP	COL	CH	FIB
104.1	706.3	2.6	4.9	11.5	14.0
CAL	NA	HIE	AGS	AGM	AGP

FLEXITARIANA

PESCETARIANA

BROCHETAS DE CAMARÓN AL LIMÓN

INGREDIENTES

16 camarones medianos, limpios
3 dientes de ajo, finamente picados
¼ de cucharadita de clavo molido
2 limones amarillos (jugo y ralladura)
⅔ de taza de piña miel, en cubos medianos
3 cucharadas de aceite de oliva
¼ de cebolla morada, finamente picada
2 cucharadas de tallos de cilantro, lavados, desinfectados y finamente picados
1 chile morita, finamente picado
Una pizca de sal y pimienta negra molida

PREPARACIÓN

Coloca los camarones en un refractario, agrega ajos, clavo, jugo y ralladura de limón. Deja marinar por 25 minutos en refrigeración. Forma las brochetas, ensartando un camarón y 2 cubos de piña en lancetas de madera. Mezcla el aceite de oliva con los ingredientes restantes; barniza las brochetas y asa en una parrilla caliente por 4 minutos de cada lado, o hasta que los camarones estén perfectamente cocinados. Sirve de inmediato y comparte.

TIEMPO	RENDIMIENTO	PORCIÓN
30 MIN	2	2 PIEZAS

116.5	3.6	5.8	26	3	0
KCAL	PROT	LIP	COL	CH	FIB
11.4	50.3	0.1	0.8	4.1	0.4
CAL	NA	HIE	AGS	AGM	AGP

AYURVÉDICA

CELIAQUÍA

DIABETES

FLEXITARIANA

HIPERTENSIÓN

PALEO

PESCETARIANA

TRUCHA EMPAPELADA
CON RÁBANOS

INGREDIENTES

Para la trucha

½ taza de yogur griego sin grasa
½ taza de pepino, sin piel, sin semillas y rallado
1 cucharada de jugo de limón amarillo
1 cucharada de aceite de oliva
2 cucharadas de hojas de menta, lavadas, desinfectadas y ligeramente picadas
½ cucharadita de pimienta de cayena
Una pizca de sal y pimienta negra molida
4 lonjas de trucha asalmonada con piel (5 oz o 140 g c/u)

Para servir

1 cucharada de aceite de oliva
2 tazas de hojas de betabel (remolacha) lavadas y desinfectadas
1 taza de *kale*, lavada, desinfectada y troceada
Una pizca de pimienta negra molida
3 rábanos, en rebanadas delgadas

PREPARACIÓN

Para la trucha

Combina en un tazón yogur griego, pepino, jugo de limón, aceite de oliva, menta, pimienta de cayena, sal y pimienta negra; mezcla hasta integrar. Barniza las lonjas de trucha con la salsa anterior, colócalas sobre rectángulos de papel encerado o aluminio y envuélvelas en forma de sobre. Cocínalas en un sartén muy caliente de 15 a 20 minutos, o hasta que la trucha esté bien cocinada.

Para servir

Calienta aceite de oliva en un sartén y saltea las hojas de betabel y de *kale* de 5 a 7 minutos o hasta que suavicen. Aumenta el sabor con pimienta, retira del fuego, agrega rábanos y mezcla muy bien. Abre los sobres de trucha con mucho cuidado. Sirve las lonjas en platos y acompaña con la ensalada y el resto de la salsa de yogur. Comparte y disfruta.

¿Qué contiene el kale o col rizada?
Posee vitamina K, efectiva en el proceso de cicatrización; también es rica en hierro, calcio y ácido fólico.

TIEMPO	RENDIMIENTO	PORCIÓN
30 MIN	4	140 G + ½ TAZA DE VEGETALES

215	7.3	8.4	21.7	29.5	3.4
KCAL	PROT	LIP	COL	CH	FIB
32.5	468	0.3	2.6	3.5	0.9
CAL	NA	HIE	AGS	AGM	AGP

AYURVÉDICA

CELIAQUÍA

FLEXITARIANA

HIPERTENSIÓN

MESOAMERICANA

PESCETARIANA

Yo disfruto y cocino con todo tipo de ingredientes, pero siempre respetaré los principios alimentarios de quienes defienden alguna causa en particular y son congruentes con sus ideas y estilo de vida. ”

–Chef Oropeza

Vegana

El veganismo rechaza la explotación de cualquier animal como producto de consumo. Por ello, se le conoce como una actitud ética, más que como un tipo de alimentación. Los veganos rechazan el consumo de productos que provienen de animales (como el huevo, la miel o la leche) porque estos se obtienen dando una vida indigna y llena de sufrimiento a estos seres.

PROS

210 es el nivel de colesterol promedio de un comedor de carne; el de un vegano es de 133. Además, la probabilidad de contraer cáncer de seno, ovario y cérvicouterino es 34% menor en las mujeres veganas que en las que no lo son. Esta alimentación acelera el metabolismo.

CONTRAS

Las personas veganas deben estar atentas de consumir las suficientes proteínas y calcio, que generalmente se obtienen de productos y derivados de origen animal, para evitar una descompensación.

AL NATURAL

Sus defensores aseguran que el veganismo es una manera de entender la vida de manera sostenible, respetando al máximo la naturaleza.

MITO

Pensar que los veganos llevan un tipo de alimentación aburrida y reducida en nutrimentos.
En *The Conscious Cook,* de Tal Ronnen, el experto asegura que es más fácil ingerir proteínas sin consumir carne y que adentrarse en el mundo vegano con la mente abierta puede resultar todo, excepto aburrido.

ALIMENTOS PERMITIDOS

Frutas
Vegetales
Soya (leche)
Semillas y raíces
Leguminosas

ALIMENTOS NO PERMITIDOS

Cualquier alimento de origen animal y sus derivados
Lácteos
Huevo
Miel

INGREDIENTES

- 2 cucharadas de aceite de oliva
- 2 dientes de ajo, finamente picados
- ½ cebolla, finamente picada
- 2 zanahorias, en cubos chicos
- 2 ramas de apio, en cubos chicos
- 2 tazas de coliflor, en ramitos
- 4 tazas de caldo de vegetales sin sal
- 1 taza de leche de coco
- ¼ de cucharadita de comino molido
- ½ cucharadita de cúrcuma en polvo
- ½ cucharada de cilantro seco, molido
- Una pizca de sal y pimienta negra molida
- 2 cucharadas de almendras fileteadas sin piel, tostadas y ligeramente picadas
- 2 cucharadas de hojas de cilantro, lavadas y desinfectadas
- 2 cucharadas de brotes mixtos, lavados y desinfectados

PREPARACIÓN

Pon el aceite en una olla grande a fuego medio. Agrega ajo, cebolla, zanahoria, apio y cocina por 5 minutos moviendo ocasionalmente. Integra coliflor y cocina sin dejar de mover por 5 minutos más. Añade caldo de vegetales, leche de coco, comino, cúrcuma, cilantro y mezcla muy bien. Permite que hierva, y continúa cocinando a fuego bajo por 15 minutos o hasta que los vegetales estén suaves. Aumenta el sabor con sal y pimienta negra molida, revuelve y retira del fuego. Licúa la mitad de la sopa con cuidado de no quemarte y mezcla en la olla con la mitad que no licuaste. Sirve el *chowder* caliente en tazones individuales, decora con almendras, cilantro y brotes mixtos. Comparte y disfruta.

CHOWDER DE COLIFLOR

TIEMPO: 20 MIN | RENDIMIENTO: 8 | PORCIÓN: 1 TAZA

74	1.9	5.9	2.5	4.2	1.1
KCAL	PROT	LIP	COL	CH	FIB
1.2	101.9	0.3	1.8	3.1	0.8
CAL	NA	HIE	AGS	AGMA	GP

TAZÓN
DE TRIGO GERMINADO
CON VEGETALES

INGREDIENTES

Para la vinagreta

3 cucharadas de eneldo, lavado, desinfectado y picado
½ naranja (el jugo)
3 cucharadas de aceite de oliva
1 chile manzano, en rodajas y sin semillas
Una pizca de sal de grano y pimienta negra molida

Para la ensalada

3 tazas de trigo germinado
1 taza de hongos *shiitake*, hidratados y en julianas
1½ tazas de tomates (jitomates) *cherry*, en mitades
¾ de taza de hojas de menta, lavadas y desinfectadas
3 cucharadas de semillas de calabaza

PREPARACIÓN

Para la vinagreta

Coloca todos los ingredientes en un frasco. Tápalo y agita vigorosamente hasta emulsionar; reserva.

Para la ensalada

Coloca en un tazón grande trigo germinado, hongos *shiitake* y tomates *cherry*. Baña con la vinagreta y mezcla hasta integrar. Sirve la ensalada en tazones individuales, agrega hojas de menta y agrega semillas de calabaza. Comparte y disfruta.

*** Encuentra las instrucciones de como realizar tus propios germinados en la página 128.**

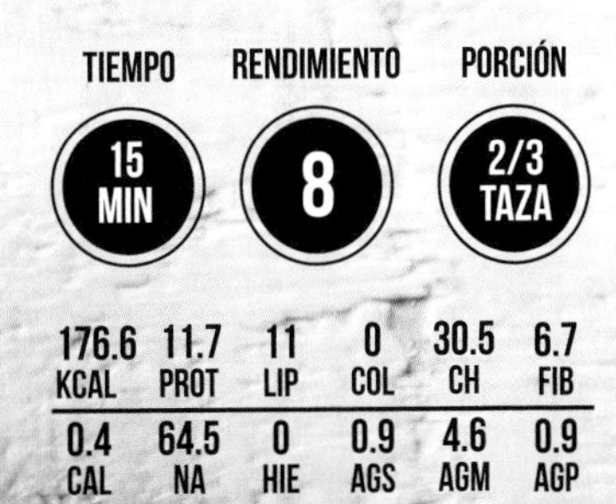

TIEMPO	RENDIMIENTO	PORCIÓN
15 MIN	8	2/3 TAZA

176.6	11.7	11	0	30.5	6.7
KCAL	PROT	LIP	COL	CH	FIB
0.4	64.5	0	0.9	4.6	0.9
CAL	NA	HIE	AGS	AGM	AGP

AYURVÉDICA CELIAQUÍA CRUDIVEGANA DIABETES FLEXITARIANA

HIPERTENSIÓN PALEO PESCETARIANA VEGANA VEGETARIANA

TOSTADAS DE CALLOS
DE HONGOS CON SALSA DE CHILE HABANERO

INGREDIENTES

Para la salsa de habanero
2 chiles habaneros
Una pizca de sal de mar
½ limón (el jugo)
1 cucharada de aceite de oliva
1 cucharadita de salsa de soya
¼ de cebolla morada, finamente picada
4 cucharadas de hojas de cilantro, lavadas, desinfectadas y picadas
1 cucharadita de miel de abeja
Una pizca de pimienta negra molida

Para las tostadas
4 tortillas taqueras
1 cucharada de aceite de oliva
2 tazas de tallos de champiñones
Una pizca de sal y pimienta negra molida
2 cucharadas de cilantro, lavado, desinfectado y picado
4 cucharadas de guacamole
½ taza de hojas de apio, lavadas, desinfectadas y fileteadas

PREPARACIÓN

Para la salsa
Asa los chiles en un comal hasta que cambien de color (se tatemen). Retira los rabos y las semillas de los chiles; reserva las semillas para otros usos. Coloca los chiles limpios en un mortero, agrega un pizca de sal de mar y martaja los chiles; pásalos a un tazón con el resto de los ingredientes y revuelve hasta integrar; reserva.

Para las tostadas
Coloca las tortillas en el comal caliente, dales vuelta de vez en cuando y deja hasta que estén crujientes. Coloca el aceite en un sartén y cocina a fuego alto los tallos de champiñones, hasta que doren y suavicen; por 8 minutos, aproximadamente. La textura será muy similar a unos callos de almeja reales. Aumenta su sabor con sal, pimienta y cilantro. Unta las tostadas con aguacate y coloca encima hojas de apio, callos de hongos. Disfruta con la salsa de habanero.

TIEMPO

RENDIMIENTO

PORCIÓN

151.7	2.87	7.26	0	19.9	2.12
KCAL	PROT	LIP	COL	CH	FIB
83.0	465.7	1.63	1.00	4.68	0.92
CAL	NA	HIE	AGS	AGM	AGP

DIABETES

FLEXITARIANA

MESOAMERICANA

PESCETARIANA

VEGANA
VEGETARIANA

TRIGO GERMINADO

PREPARA TUS PROPIOS GERMINADOS

NECESITAS:

1

Lava el trigo y déjalo remojar dentro del frasco con el agua. Cubre el frasco con una gasa o manta de cielo.

2

Deja el frasco en un lugar oscuro y cálido de 9 a 15 horas; escurre el agua y enjuaga el producto.

3

Regresa el producto al frasco, inclínalo y deja reposar por 4 días. Enjuaga el producto cada día con agua tibia y déjalo transpirar dentro del frasco.

4

Al quinto día los granos comenzarán a germinar, colócalos al sol por dos horas para que se tornen verdes y deja crecer por 3 días más.

5

REFRIGERA EL TRIGO GERMINADO HASTA POR 1 SEMANA

AYURVÉDICA

CELIAQUÍA

CRUDIVEGANA

DIABETES

FLEXITARIANA

HIPERTENSIÓN

PALEO

PESCETARIANA

VEGANA

VEGETARIANA

LECHE DE ALMENDRAS

INGREDIENTES

2 tazas de almendras, tostadas
2 litros de agua
1 cucharada de azúcar mascabado
1 vaina de vainilla (las semillas)

PREPARACIÓN

Remoja las almendras en un litro de agua durante 24 horas dentro de tu refrigerador. Cuela el agua del remojo y enjuaga las almendras con agua limpia. Licúa las almendras remojadas junto con el resto de los ingredientes hasta obtener una mezcla homogénea y ligeramente espesa. Cuela sobre una jarra la leche en un tamiz o en una bolsa especial para colar y conserva en refrigeración hasta por 3 días.

TIEMPO	RENDIMIENTO	PORCIÓN
20 MIN	1L	1 TAZA

158	5.3	12.5	0	8.8	3.1
KCAL	PROT	LIP	COL	CH	FIB
67.3	1.4	0.9	1	7.9	3.1
CAL	NA	HIE	AGS	AGM	AGP

AYURVÉDICA CELIAQUÍA CRUDIVEGANA DIABETES FLEXITARIANA HIPERTENSIÓN PALEO PESCETARIANA VEGANA VEGETARIANA

TOSTADA DE AGUACATE
CON HIGOS A LA PARRILLA Y MIEL

INGREDIENTES

Para los higos
8 higos firmes, en mitades
1 cucharada de jengibre, finamente rallado
½ naranja (el jugo)
1 cucharada de miel de agave
1 cucharada de aceite de oliva

Para el tostado
1 pan de centeno redondo chico
1 aguacate, en rebanadas
1 cucharadita de aceite de ajonjolí
1 cucharadita de moringa en polvo
Una pizca de sal y pimienta negra molida

PREPARACIÓN

Para los higos
Pon los higos en un tazón y agrega jengibre. Báñalos con jugo de naranja, miel de agave, aceite de oliva y revuelve bien. Calienta tu parrilla y cocina los higos con el corte hacia abajo hasta que las líneas se marquen; reserva.

Para el tostado
Corta el pan en rebanadas semigruesas y tuéstalas en tu parrilla hasta que las líneas se marquen. Coloca en un tazón aguacate, aceite de ajonjolí, moringa, sal y pimienta. Pisa con un tenedor hasta integrar todos los ingredientes. Unta las rebanadas de pan con la mezcla de aguacate y coloca encima higos a la parrilla. Corta los tostados en mitades sesgadas. Comparte y disfruta.

113.5	1.5	4.6	0	14.4	1.2
KCAL	PROT	LIP	COL	CH	FIB
4.6	99.5	0.2	0.6	2.9	0.6
CAL	NA	HIE	AGS	AGM	AGP

PAY DE LIMÓN VEGANO

INGREDIENTES

Para la base
¼ taza de galletas estilo Graham, molidas
¼ de taza de aceite de coco, a temperatura ambiente

Para el relleno
7 limones con semillas (limón real)
¼ de taza de aceite de coco, fundido
1 taza de nueces de la india naturales, remojadas en agua la noche previa (escurridas)
⅓ de taza de miel de agave
¾ tazas de leche de coco

Para decorar
1 lata de crema de coco entera, refrigerada sin mover por al menos 8 horas
1 cucharadita de miel de agave
4 cucharaditas de coco seco rallado, tostado
2 limones amarillos, en medias lunas
2 cucharadas de ralladura de limón amarillo

PREPARACIÓN

Para la base
Precalienta tu horno a 350ºF .
Llena con capacillos una charola para 12 *muffins.* Muele las galletas en tu procesador de alimentos o licuadora hasta obtener un polvo fino. Pásalas a un tazón y combina con el aceite de coco hasta integrar y humedecer las galletas. Reparte las galletas en los capacillos y aplana con ayuda de la base de un vaso de vidrio. Hornea las bases por 10 minutos o hasta dorar; retira del horno y permite enfriar por completo.

Para el relleno
Ralla la cáscara de algunos limones hasta obtener una cucharada de ralladura. Córtalos en mitades y exprímelos hasta obtener ½ taza de jugo. Coloca los productos de limón y el resto de los ingredientes en tu licuadora y procesa a velocidad alta hasta obtener una consistencia cremosa y homogénea. Rectifica el sabor con un poco de miel de ser necesario. Vierte esta mezcla sobre las bases horneadas, con los capacillos dentro del molde ya frío. Golpea el molde sobre tu mesa de trabajo para retirar cualquier burbuja de aire y alisar las superficies. Ralla un poco más de piel de limón sobre los pays y refrigera por al menos 2 horas, o hasta que el relleno esté firme.

Para decorar
Retira la lata de leche de coco de tu refrigerador cuando los pays estén firmes y ábrela con cuidado de no agitarla. Retira los sólidos de la lata con ayuda de una cuchara y colócalos en el tazón de tu batidora. Añade vainilla y miel de agave y bate a máxima velocidad, hasta que esponje y doble su tamaño, como si se tratara de crema batida. Decora los pays de limón con la crema batida de coco, coco rallado, medias lunas de limón y ralladura.

TIEMPO	RENDIMIENTO	PORCIÓN
50 MIN	12	1

266 KCAL	2.8 PROT	16.9 LIP	0 COL	18.6 CH	0.3 FIB
0.4 CAL	176.7 NA	0.1 HIE	11.2 AGS	3.5 AGM	1.1 AGP

AYURVÉDICA

FLEXITARIANA

PESCETARIANA

VEGANA

VEGETARIANA

PASTEL DE CHOCOLATE VEGANO

INGREDIENTES

Para el bizcocho
2 betabeles (remolachas) medianos
2 tazas de leche de almendra
1½ taza de harina de avena
¾ de taza de cocoa
1 cucharada de crémor tártaro

Para el *mousse* de chocolate
1 cucharada de jugo de naranja natural
2 cucharaditas de extracto de vainilla
1 cucharada de aceite de oliva
11 oz (320 g) chocolate amargo, picado
1 taza de agua

Para el armado
¼ de taza de almendras, tostadas y picadas

Para la crema pastelera alternativa
5 oz de nueces de la india, remojadas la noche anterior (drenadas)
1 taza de leche de coco
6 cucharadas de azúcar morena
1 cucharada de aceite de oliva
⅛ de cucharadita de goma guar
⅛ de cucharadita de agar agar
1½ cucharaditas de extracto de vainilla

TIEMPO	RENDIMIENTO	PORCIÓN
1 H 30 MIN	12	1 REBANADA

442	10.5	22.7	0	51.4	4
KCAL	PROT	LIP	COL	CH	FIB
77.9	48.9	0.7	7.3	6.7	2.1
CAL	NA	HIE	AGS	AGM	AGP

PREPARACIÓN

Para el bizcocho

Precalienta tu horno a 350°F. Hornea por 60 minutos los betabeles o hasta que estén suaves. Una vez listos, retira del horno, pélalos, córtalos en cubos y deja enfriar por completo. Coloca los betabeles a temperatura ambiente en tu procesador de alimentos junto con el resto de los ingredientes y procesa hasta obtener una masa homogénea y suave. Vierte la preparación a un molde circular para horno, engrasado y con el fondo cubierto con papel encerado. Golpea el molde sobre tu mesa de trabajo para eliminar cualquier burbuja del aire de la masa. Hornea el pan por 40 minutos, o hasta que al introducir un palillo al centro, salga seco. Permite que el biscocho se enfríe por completo.

Para el *mousse* de chocolate

Coloca en un tazón jugo de naranja, extracto de vainilla, aceite de oliva, chocolate amargo y agua. Funde la mezcla a baño maría y mueve constantemente para integrar por completo. Pasa la mezcla al refrigerador hasta que tome una consistencia parecida a un *mousse* de chocolate.

Para la crema pastelera alternativa

Coloca en tu procesador de alimentos o licuadora, nueces, leche, aceite y azúcar. Procesa hasta obtener un puré. Agrega la goma y mezcla por un minuto más. Pasa la mezcla a una olla y calienta añadiendo poco a poco el agar agar hasta que la mezcla comience a hervir; retira del fuego y agrega el extracto de vainilla. Vierte en otro tazón y deja enfriar a temperatura ambiente por cuatro horas.

Para el armado

Mezcla media taza de la crema con el *mousse* hasta integrar perfectamente. Coloca la mezcla sobre el bizcocho, alisa con una espátula y refrigera el pastel cubierto por 20 minutos hasta que la capa se torne firme. Retira el pastel de refrigeración, desmóldalo y forma una nueva capa con el *mousse* de chocolate restante. Vuelve a refrigerar por al menos 30 minutos o hasta el momento de servir. Espolvorea con almendras, comparte y disfruta.

Entre más escucho a la gente decir que existen tendencias alimentarias 'aburridas', más confío en el poder de las texturas, la diversidad de los alimentos y de las combinaciones que utilizamos a la hora de cocinar. No existe nada que pueda contra ello. ❞

–Chef Oropeza

Vegetariana

Este tipo de alimentación excluye el consume de la carne de cualquier animal. Se estima que los inicios del vegetarianismo se dieron con el jainismo, una religión india del siglo VIII a. C. que profesa la no violencia contra cualquier ser (incluidos los animales). Más que un modo de alimentarse, este es un principio ético que se practica para respetar a todos los seres vivos del planeta.

PROS
- Las personas vegetarianas tienen menores probabilidades que las que comen carne de padecer obesidad, diabetes y otras enfermedades crónicas.
- Este tipo de alimentación cuesta hasta tres veces menos que una compuesta de carne.

CONTRAS
Los vegetarianos pueden presentar una deficiencia de vitamina B12, que se encuentra en la carne y que es esencial para los huesos. También deben vigilar su ingesta de calcio, hierro y vitamina D.

CLASIFICACIÓN
Según al consumo de productos derivados que incluyen en su alimentación.
Ovolactovegetarianos
Huevo y lácteos
Ovovegetarianos Huevo
Lactovegetarianos Lácteos
Apilactovegetarianos
Miel y lácteos

MITO
La idea de que los vegetarianos se exceden en carbohidratos debido a la pobre ingesta de proteínas en su dieta.

ALIMENTOS PERMITIDOS
Frutas
Vegetales
Semillas
Maíz
Trigo
Soya

ALIMENTOS NO PERMITIDOS
Carne de cualquier animal

ENSALADA DE GARBANZOS
CON PURÉ DE ZANAHORIA Y FRUTAS

INGREDIENTES

Para la vinagreta
2 cucharadas de aceite de oliva
½ cucharada de vinagre de vino tinto
½ cucharadita de páprika molida
Una pizca de sal y pimienta negra molida

Para la ensalada
2 tazas de garbanzos, cocinados en agua sin sal, escurridos y pelados
12 zanahorias, sin piel en cuadros medianos
1 cucharada de aceite de oliva
2 cucharaditas de páprika
Una pizca de sal y pimienta negra molida
½ naranja sin semillas (el jugo)
½ taza de verdolagas chicas, limpias, lavadas y desinfectadas
½ taza de berros, limpios, lavados y desinfectados
½ taza de fresas chicas, lavadas, desinfectadas y en mitades
½ taza de moras azules, lavadas y desinfectadas
2 cucharadas de ajonjolí negro, tostado
¼ de taza de brotes mixtos, lavados y desinfectados

PREPARACIÓN

Para la vinagreta
Combina todos los ingredientes en un tazón. Mezcla con un batidor de globo hasta formar una emulsión; reserva.

Para la ensalada
Precalienta tu horno a 400ºF.
Coloca los garbanzos y las zanahorias en una charola para horno. Baña con aceite de oliva y espolvorea con páprika, sal y pimienta. Hornea los vegetales por 15 minutos, aproximadamente, hasta que los garbanzos estén crujientes y las zanahorias rosticen. Deja enfriar los garbanzos al salir del horno y pasa las zanahorias a tu procesador de alimentos. Agrega el jugo de naranja y procesa hasta formar un puré suave y homogéneo. Si lo deseas, cuela el puré para obtener una textura más tersa. Coloca la vinagreta en un tazón grande y agrega el sobrante de garbanzos, verdolagas y berros. Revuelve para integrar todos los sabores. Monta la ensalada en un plato semiprofundo o extendido; forma una línea al centro del plato con el puré de zanahoria y acomoda encima, en

TIEMPO	RENDIMIENTO	PORCIÓN
20 MIN	4	1 TAZA + ½ PÚRE

330	10.3	16.2	0	36.4	11
KCAL	PROT	LIP	COL	CH	FIB
0	147.1	0.4	1.9	9.2	1.8
CAL	NA	HIE	AGS	AGM	AGP

AYURVÉDICA · CELIAQUÍA · FLEXITARIANA · PESCETARIANA · VEGETARIANA

COLIFLOR ROSTIZADA
CON CURRY Y HIERBABUENA

INGREDIENTES

½ taza de yogur estilo griego sin grasa
2 limones amarillos (el jugo)
1 cucharadita de comino molido
2 dientes de ajo, asados y picados
1 chile ancho, asado, sin semillas
y finamente picado
1 cucharadita de *curry* amarillo en polvo
Una pizca de sal y pimienta negra molida
1 coliflor grande
¼ de taza de hojas de cilantro, lavadas, desinfectadas y ligeramente picadas
¼ de taza de hojas de hierbabuena, lavadas, desinfectadas y ligeramente picadas
2 cucharadas de almendras, tostadas y ligeramente picadas

PREPARACIÓN

Mezcla en un tazón yogur, jugo de limón, comino, ajo, chile ancho, *curry,* sal y pimienta. Coloca la coliflor en un refractario rectangular y báñala con la preparación anterior. Asegúrate que se cubra perfectamente y distribuye la marinada con ayuda de una cuchara. Deja reposar en el refrigerador por una hora.

Precalienta tu horno a 400ºF.
Transfiere la coliflor marinada a una charola con papel encerado y hornea de 30 a 40 minutos hasta que esté suave al centro y haya tomado un tono dorado. Una vez lista, retira del horno y deja reposar 10 minutos. Espolvorea con cilantro, hierbabuena y almendras. Corta y disfruta de inmediato.

COLIFLOR
Este alimento tiene un alto poder depurativo gracias a que está compuesto por una gran cantidad de agua.

TIEMPO	RENDIMIENTO	PORCIÓN
1 HR 40 MIN	4	1 TAZA

94 KCAL	7.6 PROT	3 LIP	0 COL	13.1 CH	3.6 FIB
48.1 CAL	85.2 NA	0.6 HIE	0.2 AGS	1 AGM	0.6 AGP

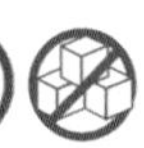

AYURVÉDICA CELIAQUÍA DIABETES FLEXITARIANA

HIPERTENSIÓN PESCETARIANA VEGETARIANA

PURÉ DE BERENJENAS ROSTIZADAS

INGREDIENTES

2 berenjenas medianas, cortadas a la mitad y a lo largo
1 pimiento rojo
1 pimiento amarillo
1 pimiento verde
1 cucharada de aceite de oliva
Una pizca de sal y pimienta negra molida
2 cucharadas de hojas de perejil, lavadas,
desinfectadas y picadas

PREPARACIÓN

Precalienta tu horno a 400°F.
Coloca las berenjenas en una charola para horno con el corte hacia arriba y hornea por una hora o hasta que la pulpa este totalmente suave. Hornea al mismo tiempo los pimientos para aprovechar el horno; colócalos en una charola diferente y deja hasta que suavicen y la piel se arrugue. Una vez listos, pásalos a una bolsa de plástico y déjalos sudar por unos minutos. Retira la piel con una cuchara, límpialos de semillas y córtalos en cuadros. Retira la pulpa de la berenjena aún caliente con una cuchara. Mézclala en un tazón con aceite de oliva, sal y pimienta, y aplástala con un machacador hasta obtener un puré. Incorpora los cuadros de pimiento y decora con perejil.

TIEMPO

RENDIMIENTO

PORCIÓN

59.27	1.28	2.98	0	7.42	1.77
KCAL	PROT	LIP	COL	CH	FIB
18.54	111.58	1.67	0.41	1.85	0.42
CAL	NA	HIE	AGS	AGM	AGP

AYURVÉDICA

CELIAQUÍA
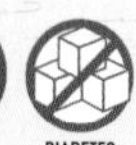
DIABETES
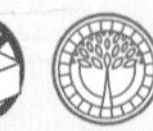
FLEXITARIANA

HIPERTENSIÓN

PESCETARIANA

VEGANA

VEGETARIANA

FALSO FILETE WELLINGTON

CON PURÉ DE CHÍCHAROS Y MENTA

EL FALSO WELLINGTON
DE LENTEJAS CON PURÉ DE CHÍCHAROS Y MENTA

INGREDIENTES

Para el falso Wellington
1 taza de lentejas verdes
2½ tazas de caldo de vegetales
3 cucharadas de semillas de chía, molidas
⅓ de taza de agua tibia
2 cucharadas de aceite de oliva
1 taza de poro (puerro) finamente picado
4 dientes de ajo, picados
2 tallos de apio, picados
2 zanahorias, picadas
3 tazas de champiñones, picados
Una pizca de sal
Pimienta negra recién molida, al gusto
1 cucharadita de estragón fresco, finamente picado
¼ de cucharadita de páprika
½ taza de almendras, tostadas y ligeramente picadas
½ taza de nueces en mitades, tostadas
y ligeramente picadas
½ taza de harina integral
400g de pasta de hojaldre (hecha a base de
margarina, para ser apta para vegetarianos)
2 cucharadas de leche de almendras

Para el puré
3 tazas de chícharos (guisantes) blanqueados
½ taza de hojas de menta, lavadas,
desinfectadas y blanqueadas
1 cucharada de aceite de oliva
½ naranja (el jugo)
1 cucharadita de miel de abeja
Una pizca de sal y pimienta negra molida

PREPARACIÓN

Para el falso Wellington
Enjuaga las lentejas bajo un chorro de agua corriente y colócalas en una olla junto con el caldo de vegetales. Hierve a fuego bajo y deja cocinar por 35 a 40 minutos hasta que el caldo se absorba por completo y las lentejas suavicen. Una vez listas, procesa las lentejas con ayuda de una batidora de inmersión hasta que dos terceras partes de las lentejas se hayan molido para obtener una consistencia pesada. Hidrata en un tazón las semillas de chía molidas con el agua caliente; revuelve bien y deja reposar por al menos 5 minutos para obtener la consistencia de claras de huevo. Calienta el aceite en un sartén amplio y cocina el poro junto con ajo, apio y zanahorias hasta que comiencen a suavizar, por 5 minutos, aproximadamente. Integra los hongos y sigue cocinando, moviendo ocasionalmente, por 5 minutos más. Aumenta el sabor de los vegetales con sal, pimienta, estragón y páprika. Combina en un tazón los vegetales cocinados junto con lentejas, nueces, semillas de chía hidratadas y harina. Integra perfectamente para obtener una textura compacta y moldeable. Extiende la pasta de hojaldre en tu superficie de trabajo ligeramente enharinada hasta obtener un rectángulo de 10 × 7 pulgadas. Empareja las orillas y mejora la presentación del envuelto marcando la pasta de hojaldre en tres secciones iguales con la ayuda del canto de un cuchillo. Enseguida corta tiras diagonales de media pulgada de grosor sobre los extremos de la pasta hojaldrada, dejando el tercio del centro sin cortar. Coloca la mezcla de lentejas al centro de la pasta hojaldrada, dándole forma cilíndrica para que sea más fácil de envolver. Comienza a cubrir las lentejas con las tiras de pasta hojaldrada, cerrando las tiras lo mejor posible para evitar que en el horno se deshaga. Coloca el falso *wellington* en una charola para horno con papel encerado y barnízalo con la leche de almendras. Hornea por 45 minutos, aproximadamente, o hasta que el hojaldre dore de manera uniforme.

Para el puré
Procesa todos los ingredientes hasta obtener un puré con tropiezos y consistencia pesada. Deja reposar el rollo de lentejas unos minutos al salir del horno; rebana y sirve acompañado del puré de chícharos y menta.

TIEMPO	RENDIMIENTO	PORCIÓN
1 H 20 MIN	12	1 REBANADA

415.8	12.1	20.2	0	42	8.6
KCAL	PROT	LIP	COL	CH	FIB
28.7	143.9	2.9	2.7	7.4	10.9
CAL	NA	HIE	AGS	AGM	AGP

CELIAQUÍA

DIABETES

FLEXITARIANA

HIPERTENSIÓN

PESCETARIANA

VEGANA

VEGETARIANA

CÁTSUP CASERA
CON CHIPOTLE, SIN AZÚCAR

INGREDIENTES

1 chile chipotle seco
1 taza de agua caliente
½ taza de tomates (jitomates) deshidratados
8 tomates (jitomates) *saladet*, escalfados y sin semillas
1 cucharadita de vinagre balsámico
Una pizca de sal y pimienta negra molida

PREPARACIÓN

Asa el chile hasta que comience a soltar su olor; mueve ocasionalmente para evitar que se queme. Hidrátalo en agua caliente por 5 minutos o hasta que suavice. Saltea todos los ingredientes en un sartén y pásalos a tu procesador hasta obtener una textura homogénea y de consistencia pesada. Vacía la salsa en un frasco esterilizado y conserva en refrigeración hasta por una semana.

HAMBURGUESA
VEGETARIANA DE QUINOA

INGREDIENTES

Para las hamburguesas

1½ tazas de quinoa
1⅓ de taza de caldo de vegetales
¼ de taza de aceite de oliva
3 echalotes, finamente picados
2 cucharaditas de orégano seco molido
2 cucharaditas de salsa de soya reducida en sodio
1 taza de avena molida
3 cucharadas de linaza
⅔ de taza de puré de manzana sin azúcar
Una pizca de sal y pimienta negra molida
Aceite en aerosol

Para servir

16 hojas de lechuga francesa, lavadas y desinfectadas
⅔ de taza de germinado de brócoli, lavado y desinfectado

PREPARACIÓN

Para las hamburguesas

Precalienta tu horno a 350°F.

Lava la quinoa con abundante agua y colócala en una olla. Agrega el caldo, tapa y cocina a fuego suave por 13 minutos o hasta que la quinoa absorba todo el líquido y esponje. Retira del fuego y deja enfriar. Mezcla en un tazón la quinoa, el echalote, la avena, la linaza y el puré. Aumenta el sabor con sal y pimienta. Forma 16 hamburguesas chicas con ayuda de tus manos: colócalas sobre una charola con papel encerado, rocíalas con aceite en aerosol y hornea a 350°F por 15 minutos o hasta que las hamburguesas estén firmes.

Para servir

Coloca cada hamburguesa con una hoja de lechuga y termina con germinado de brócoli. Disfruta con mayonesa de almendras y cátsup casera al gusto.

*** Encuentra la receta de la cástup casera en la página 147 y la receta de la mayonesa de almendras en la página 150.**

QUINOA
Es un pseudocereal, su aporte nutrimental es excelente ya que tiene un muy buen equilibrio entre carbohidratos, grasas y proteínas, contiene ocho aminoácidos esenciales, fibra y grasas poliinsaturadas, es rica en minerales y vitamina B.

TIEMPO RENDIMIENTO

PORCIÓN

223	6.1	14.4	0	25.1	5.3
KCA	PROT	LIP	COL	CH	FIB
16	98.1	1.4	1.5	7.5	1.7
CAL	NA	HIE	AGS	AGM	AGP

AYURVÉDICA

DIABETES

FLEXITARIANA

HIPERTENSIÓN

PESCETARIANA

VEGANA

VEGETARIANA

MAYONESA
ALTERNATIVA DE ALMENDRAS

INGREDIENTES

⅓ de taza de agua
⅓ de taza de aceite de semillas de oliva
1 cucharada de vinagre de vino blanco
¾ de taza de almendras, tostadas
¼ de cucharadita de semillas de cilantro, tostadas
Una pizca de sal y pimienta negra molida

PREPARACIÓN

Coloca todos los ingredientes en el procesador de alimentos y mezcla hasta obtener una textura untable. Si es necesario, agrega un poco más de agua; reserva.

HELADO DE ZARZAMORA

INGREDIENTES

2 tazas de zarzamoras, lavadas y desinfectadas
1 taza de agua
½ taza de nueces de la india, remojadas en agua durante 5 horas
3 dátiles, remojados en agua por 6 horas (reserva el agua)
1 plátano tabasco maduro
1 cucharadita de extracto de vainilla

TIP Si tienes una máquina de helados prepara esta mezcla siguiendo las instrucciones del fabricante.

PREPARACIÓN

Licúa zarzamoras con el agua hasta obtener una textura tersa; cuela y reserva. Procesa las nueces con los dátiles junto con el agua donde los remojaste hasta obtener un mezcla suave. Añade el puré de zarzamora, el plátano y el extracto de vainilla; integra hasta obtener una textura homogénea. Coloca la preparación en un bote con tapa y lleva a tu congelador. Retira cada 20 minutos y revuelve con ayuda de una pala de madera para romper los cristales de hielo y lograr una textura cremosa. Repite el proceso durante 2 horas, o hasta obtener la consistencia que desees. Comparte y disfruta.

Proteínas de origen vegetal

Una de las principales preocupaciones al seguir alguna dieta vegana, vegetariana o flexitariana, es la de no consumir las proteínas necesarias para el organismo. Sin embargo, éstas se pueden obtener por medio de diversas fuentes vegetales. **Aquí, algunas de las proteínas vegetales más poderosas:**

Lentejas 26g por cada 100g
Cacahuates y mantequilla de cacahuate 25g por cada 100g
Semillas de cáñamo *(hemp)* 23g por cada 100g
Frijol negro 21g por cada 100g
Almendras 21g por cada 100g
Semillas de girasol 21g por cada 100g
Quinoa 14g por cada 100g
Edamame (frijol de soya) 11g por cada 100g

TIEMPO: 15 MIN

RENDIMIENTO

PORCIÓN: ¼ TAZA

67	1.2	2.5	0	11.5	2
KCAL	PROT	LIP	COL	CH	FIB
0	0.9	0	0.5	1.3	0.4
CAL	NA	HIE	AGS	AGM	AGP

AYURVÉDICA

DIABETES

FLEXITARIANA

HIPERTENSIÓN

PESCETARIANA

VEGANA

VEGETARIANA

CHEESECAKE DE TOFU
Y CHOCOLATE, SIN GLUTEN

INGREDIENTES

Para la base

1 taza de semillas de girasol, peladas y tostadas
1 taza de dátiles sin hueso
2 cucharadas de cocoa sin azúcar

Para el relleno

2 tazas de tofu extra firme
¾ de taza de azúcar mascabado
½ taza de semillas de girasol, remojadas por al menos 2 horas (drenadas)
1 taza de chocolate semiamargo, fundido
1 limón sin semillas (el jugo)
3 cucharadas de cocoa en polvo
1 vaina de vainilla (las semillas)
¼ de cucharadita de canela molida

Para decorar

4 fresas, lavadas y desinfectadas
½ taza de moras azules, lavadas y desinfectadas
½ taza de frambuesas, lavadas y desinfectadas
½ taza de arándanos frescos (opcional)

TOFU
Si estás en el climaterio, el consumo de este alimento te ayudará a regular los niveles de estrógeno.

PREPARACIÓN

Para la base

Pica finamente las nueces y los dátiles. Mezcla con la cocoa en un tazón o pasa todos los ingredientes por tu procesador de alimentos hasta obtener una masa manejable y ligeramente pegajosa. Forra el fondo de un molde circular desmontable de 6 pulgadas y distribuye la mezcla de dátiles para formar una base; presiona con tus manos húmedas para nivelar y emparejar la capa. Reserva en refrigeración.

Para el relleno

Envuelve el tofu entre dos toallas de papel, colócalo en un plato y coloca encima un segundo plato con un contrapeso (cualquier objeto pesado que tengas en la cocina). Deja reposar por 15 minutos para extraer el exceso de agua que contiene el tofu. Coloca el azúcar en tu licuadora y muele para que esté más fina y no se pueda integrar en el *cheesecake* sin necesidad de cocinarlo. Pasa el tofu a tu licuadora o procesador, agrega semillas de girasol, azúcar, chocolate fundido, jugo de limón, cocoa, vainilla y canela; procesa a máxima velocidad hasta que la mezcla sea suave y homogénea. Vierte la preparación dentro del molde, empareja la superficie con una espátula y refrigera por al menos 8 horas.

Para decorar

Corta las fresas en rebanadas delgadas y colócalas en una charola con papel encerado junto con el resto de las frutas. Congela hasta que estén firmes. Desmolda el *cheesecake* con cuidado, retira el papel encerado de la base y decora la superficie, haciendo un aro con las frutas por toda la orilla. Corta en rebanadas, comparte y disfruta.

TIEMPO

RENDIMIENTO

PORCIÓN

308	7.6	15	0	40.4	4.4
KCAL	PROT	LIP	COL	CH	FIB
64.2	6.1	1.8	4.1	5.3	2.5
CAL	NA	HIE	AGS	AGM	AGP

AYURVÉDICA

CELIAQUÍA

FLEXITARIANA

PESCETARIANA

VEGANA

VEGETARIANA

Entiendo a las personas intolerantes al gluten pues todos los días comprueban el gran poder de los alimentos sobre el organismo y cómo es posible sentirse bien y sanarse a sí mismos por medio de las elecciones correctas. ”

–Chef Oropeza

Celiacos

La celiaquia es una enfermedad autoinmune caracterizada por provocar una inflamación en el intestino al existir exposición al gluten, un grupo de proteínas llamadas "prolaminas" que se encuentran en la cebada, el trigo, el centeno, espelta, búlgaros, malta, semolina, levadura y kamut.

SUS ORÍGENES. Las personas celíacas que consumen gluten pueden experimentar desnutrición, diarreas, vómito, descalcificación y pérdida de masa muscular, entre otros síntomas. La única manera de sobrellevar la intolerancia al gluten es por medio de la alimentación: se requiere eliminar por completo hasta la mínima cantidad de esta proteína. Los médicos han notado que una vez que los celíacos adoptan una dieta libre de dicha proteína, viven procesos de nutrición óptimos y desaparecen sus síntomas.

REGLA BÁSICA DE ALIMENTACIÓN. Evita consumir cereales que contienen gluten (trigo, cebada y centeno), así como todo producto derivado de ellos. Reduce tu ingesta de grasa y opta por las preparaciones simples: hierve, asa o cocina al vapor los alimentos para conservar su mayor cantidad de nutrientes. Revisar muy bien las etiquetas de los productos que consumes, pues alguno de sus ingredientes podría incluir gluten. NOTA: En el caso de la avena, verifica que ésta no haya sido elaborada en máquinas procesadoras de trigo; además, revisa en el empaque que esté libre de gluten.

ALIMENTOS SUGERIDOS. Frutas y vegetales frescos. Consume una ensalada al menos una vez al día. Cereales naturales libres de gluten. Prueba el mijo, el arroz, el maíz y el sorgo. Harinas de papa, de almidón de trigo o de arroz (verifica que incluyan la especificación "libre de gluten"). Carnes, pescados, huevos y sus derivados.

PAN CON HUEVO POCHADO

INGREDIENTES

4 rebanadas de pan integral libre de gluten
4 cucharadas de *chutney* de tomates picantes
4 rebanadas de jamón de pechuga de pavo libre de gluten
1 taza de berros limpios, lavados y desinfectados
4 huevos pochados
2 cucharaditas de aceite de oliva
Una pizca de pimienta negra molida

PREPARACIÓN

Unta las rebanadas del pan libre de gluten con el *chutney* de tomates picantes, coloca encima de cada pan una rebanada de pechuga de pavo, berros y un huevo pochado. Baña estos sándwiches abiertos con un poco de aceite de oliva y espolvoréalos con pimienta. Sirve de inmediato y disfruta.

TIEMPO

RENDIMIENTO

PORCIÓN

1 REBANADA

265 KCAL	14.1 PROT	15.1 LIP	213 COL	20.3 CH	3.1 FIB
27.2 CAL	497.1 NA	1.6 HIE	3.6 AGS	6.7 AGM	1.4 AGP

PASTEL DE MAÍZ BAJO EN GRASA

INGREDIENTES

6 huevos
8 maíces (elotes) desgranados
1 cucharadita de polvo para hornear
4 oz de mantequilla
sin sal libre de gluten
1 taza de azúcar
½ taza de yogur estilo griego
sin grasa libre de gluten
¼ de taza de leche descremada
al gusto, azúcar *glass*
Aceite en aerosol

PREPARACIÓN

Precalienta tu horno a 350°F . Lleva a tu licuadora huevos, granos de maíz, polvo para hornear, mantequilla, azúcar, yogur y leche; mezcla hasta obtener una mezcla homogénea y espesa. Engrasa un molde para pastel con el aceite en aerosol y vierte la mezcla hasta llenar ¾ de capacidad. Hornea a 350°F por aproximadamente 45 minutos o hasta que al introducir un palillo, éste salga limpio. Enfría en una rejilla y decora espolvoreando azúcar *glass* al gusto.

TIEMPO	RENDIMIENTO	PORCIÓN
1 HORA	12	1 REBANADA

KCAL	PROT	LIP	COL	CH	FIB
249	6.5	12.4	131.1	30.7	1.3

CAL	NA	HIE	AGS	AGM	AGP
32.1	57.3	0.7	7.1	3.2	0.8

CELIAQUÍA FLEXITARIANA

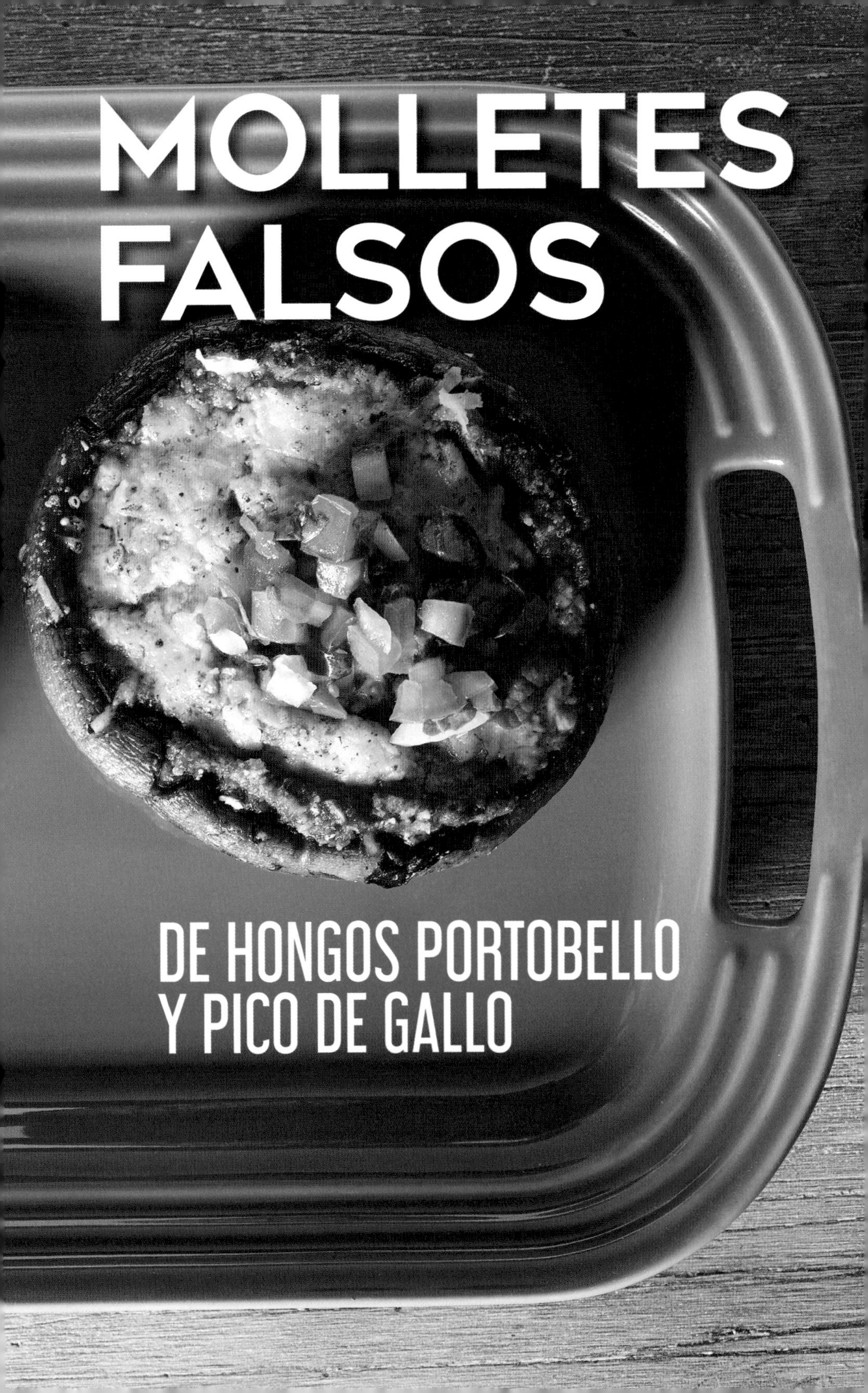

MOLLETES FALSOS

DE HONGOS PORTOBELLO Y PICO DE GALLO

MOLLETES FALSOS
DE HONGOS *PORTOBELLO* Y PICO DE GALLO

INGREDIENTE

Para el pico de gallo

2 tomates (jitomates), sin semillas y en cubos chicos
½ cebolla, picada
1 chile de árbol fresco, finamente picado
3 cucharadas de jugo de limón
1 cucharadita de aceite de oliva
Una pizca de sal y pimienta negra molida
1 cucharadita de orégano fresco, finamente picado

Para los molletes

2 cucharadas de aceite de oliva
4 hongos *portobello* medianos
Una pizca de sal y pimienta negra molida
2 tazas de frijoles negros molidos
1 taza de espinacas baby, lavadas y desinfectadas
4 rebanadas de queso manchego bajo en grasa (0.8 oz o 25 g c/u)

PREPARACIÓN

Para el pico de gallo

Coloca todos los ingredientes en un tazón mediano, revuelve y deja reposar el pico de gallo por unos minutos dentro del refrigerador.

Para los molletes

Precalienta tu horno a 350°F.
Calienta un sartén profundo y agrega el aceite de oliva. Cocina los hongos con el sartén tapado, 3 minutos por cada lado, para que suavicen ligeramente. Aumenta su sabor con sal y pimienta. Retira los hongos del sartén y colócalos en una charola para horno. Rellénalos con frijoles negros y coloca encima algunas hojas de espinaca y una rebanada de queso manchego.
Hornea por 10 minutos o hasta que el queso gratine. Sirve al salir del horno y disfruta con el pico de gallo.

HONGOS
Aportan hierro, fortalecen el sistema inmune y ayudan al organismo a generar plaquetas. Además, contienen una alta dosis de antioxidantes.

TIEMPO

RENDIMIENTO

PORCIÓN

305	16.2	16.6	0	26.6	5.8
KCAL	PROT	LIP	COL	CH	FIB
286.8	340.1	3.1	4.8	7.3	1.7
CAL	NA	HIE	AGS	AGM	AGP

CELIAQUÍA

FLEXITARIANA

PESCETARIANA

VEGETARIANA

TISANA DE TORONJIL, CANELA Y FRAMBUESA

INGREDIENTES

5 tazas de agua
1 taza de hojas de toronjil, lavadas, desinfectadas y finamente picadas
1 raja chica de canela, finamente rebanada
2 pimientas negras enteras
1 taza de frambuesas (frescas o deshidratadas)
Miel de agave, al gusto (opcional)

PREPARACIÓN

Hierve el agua en una olla a fuego alto y retira del fuego. Envuelve en un saquito de manta de cielo las hojas de toronjil, la raja de canela y la pimienta negra. Cierra el saquito con hilo de cocina y sumérgelo en el agua junto con las frambuesas. Permite que la tisana se infusione y todo el sabor de las hierbas, especias y frutas se libere en el agua, por 6 minutos, aproximadamente. Retira el saquito de hierbas del agua y sirve la tisana en tazas. Si lo deseas, endulza con miel de agave.

TIEMPO	RENDIMIENTO	PORCIÓN
15 MIN	4	1 TZ + 1 CDA DE MIEL

151 KCAL	0.5 PROT	1 LIP	0 COL	6.7 CH	1 FIB
3.8 CAL	300.6 NA	0.1 HIE	0 AGS	0 AGM	0 AGP

AYURVÉDICA · CELIAQUÍA · DIABETES · FLEXITARIANA · HIPERTENSIÓN · PESCETARIANA · VEGANA · VEGETARIANA

NUESTRO FANTÁSTICO PAN INTEGRAL LIBRE DE GLUTEN

INGREDIENTES

- ¾ de taza + 2 cucharadas de avena libre de gluten
- ¾ de taza + 2 cucharadas de quinoa
- 4 cucharadas de linaza molida
- 1 taza de agua tibia
- 1 cucharada de miel de agave
- 3 cucharadas de aceite de aguacate
- ½ cucharadita de polvo para hornear
- ½ cucharadita de sal
- 1 cucharada de vinagre balsámico
- 1 taza de agua al tiempo
- 1 cucharada de aceite de canola

PREPARACIÓN

Prepara esta receta con anticipación para que los ingredientes que necesitan remojo estén listos y la textura del pan sea la más parecida a la de uno convencional. Coloca la avena en un tazón de vidrio y agrega agua fría y purificada hasta cubrir las hojuelas. Repite lo mismo con la quinoa; colócala en un tazón diferente y llena con agua hasta cubrir los granos. Muele la linaza el día de la preparación. Colócala en tu licuadora o procesador hasta obtener un polvo fino. Precalienta tu horno a 320°F cuando estés por hornear el pan. Combina en un tazón la linaza que moliste con el agua tibia, revuelve bien, y deja reposar por 10 minutos para que la linaza adquiera una consistencia gelatinosa; esto hará las veces de un sustituto de huevo, por lo que la receta también es apta para veganos. Drena el agua de los cereales que remojaste la noche anterior. Coloca la avena y la quinoa en el procesador de alimentos con la mezcla de linaza, la miel, el aceite de aguacate, el polvo para hornear, la sal, el vinagre y el agua. Procesa de 2 a 3 minutos, o hasta obtener una consistencia pegajosa, con algunos granos visibles. Cuando la masa. Engrasa con aceite de canola un refractario rectangular para pan y rellena con la masa que preparaste. Coloca el molde en una charola de metal y hornea durante 90 minutos, aproximadamente. Aunque el pan no necesariamente subirá, notarás que los bordes doran y la textura se torna más firme. Para saber si el pan está bien cocinado, presiónalo ligeramente y, si vuelve a su forma original, está listo. Abre el horno a los 45 minutos de horneado y con la punta de un cuchillo pica la superficie para dejar escapar el vapor acumulado. Sigue horneando hasta alcanzar los 90 minutos y hacer las verificaciones anteriores. Retira del horno y deja reposar por unos minutos antes de desmoldar. Cuando esté tibio, deja enfriar por completo en una rejilla antes de cortar. Disfruta con la mermelada, salsa, guacamole, sándwich y postre (como pan francés vegano) de tu preferencia.

TIEMPO	RENDIMIENTO	PORCIÓN
75 MIN	12	1 REBANADA

127	4	6.6	0	15.3	2.8
KCAL	PROT	LIP	COL	CH	FIB
4.2	125.2	0.4	0.5	2.7	0.5
CAL	NA	HIE	AGS	AGM	AGP

HARINA CASERA
LIBRE DE GLUTEN

INGREDIENTES

510 g de harina de arroz blanco
230 g de harina de amaranto o harina de avena (libre de gluten)
120 g de harina o fécula de tapioca
120 g de fécula de papa
20 g de semillas de linaza molidas

PREPARACIÓN

Combina todos los ingredientes en un tazón y mézclalos con un batidor de globo para integrarlos bien, tapa el tazón y agítalo vigorosamente para terminar de mezclarlos. Reserva en un contenedor con cierre hermético en un lugar seco y alejado de la luz del sol.

TIEMPO — RENDIMIENTO

354	7.2	3.5	0	72.1	4.4
KCAL	PROT	LIP	COL	CH	FIB
5.4	4.3	1	0	0	0
CAL	NA	HIE	AGS	AGM	AGP

CELIAQUÍA

FLEXITARIANA

PESCETARIANA

VEGANA

VEGETARIANA

CRUJIENTES DE CHÍA
CON HARINA DE AMARANTO

INGREDIENTES

¼ de taza de semillas de chía
¼ de taza de semillas de girasol
¼ de taza de pepitas de calabaza sin sal, tostadas ligeramente
2 cucharadas de semillas de linaza
1 taza de agua
¼ de taza de harina de amaranto
2 cucharadas de aceite de canola

PREPARACIÓN

Precalienta tu horno a 300ºF. Combina en un tazón todos los ingredientes con ayuda de una cuchara. Deja reposar la mezcla por 30 minutos para que las semillas de chía se hidraten y obtengas una masa espesa. Unta la masa sobre una hoja de papel encerado colocada en una charola, dejando una capa delgada y sigue. Coloca una segunda hoja de papel encerado sobre la preparación y aplana con un rodillo para dejar la masa lo más delgada posible. Retira el papel con cuidado y marca la masa en rectángulos medianos con un cuchillo o cortador de pizza. Hornea de 30 a 40 minutos hasta que las galletas estén doradas y crujientes. Deja reposar por 5 minutos antes de separar los rectángulos.

TIEMPO

RENDIMIENTO

PORCIÓN

92	2.8	6.7	0	6.3	2.6
KCAL	PROT	LIP	COL	CH	FIB
0.3	0.1	0.1	0.3	1.6	2.7
CAL	NA	HIE	AGS	AGM	AGP

AYURVÉDICA CELIAQUÍA FLEXITARIANA HIPERTENSIÓN

PESCETARIANA VEGANA VEGETARIANA

PANQUÉ DE AMARANTO Y MIEL

INGREDIENTES

2 tazas de harina de amaranto
1 taza de harina de almendra
2 cucharaditas de polvo para hornear
½ taza de aceite de coco
(a temperatura ambiente)
3 huevos
Una pizca de sal
¾ de taza de miel de abeja

PREPARACIÓN

Precalienta tu horno a 320°F.
Coloca la harina de amaranto y almendra, y el polvo para hornear en un tazón. Agrega aceite de coco, huevos, sal, miel de abeja y bate con un batidor hasta obtener una mezcla homogénea. Vierte la preparación en un molde para panqué ligeramente engrasado y hornea de 30 a 45 minutos, o hasta que la superficie dore y, al insertar un palillo en el centro del panqué, éste salga limpio. Una vez listo, retira del horno y deja enfriar por al menos 30 minutos antes de desmoldar. Comparte y disfruta.

TIEMPO	RENDIMIENTO	PORCIÓN
50 MIN	12	1 REBANADA

309.3	7.2	16.9	53.3	33.4	2.9
KCAL	PROT	LIP	COL	CH	FIB
26	48.1	0.6	9.6	0.3	1.1
CAL	NA	HIE	AGS	AGM	AGP

AYURVÉDICA

CELIAQUÍA

FLEXITARIANA

PESCETARIANA

PANCAKES DE PLÁTANO
SIN GLUTEN

INGREDIENTES

Para los *pancakes*
2 plátanos tabasco maduros
4 huevos
½ taza de harina de amaranto
2 cucharadas de mantequilla sin sal, fundida

Para servir
1 cucharadita de mantequilla sin sal
1 taza de frambuesas, lavadas
y desinfectadas
1 taza de fresas chicas, en mitades, lavadas
y desinfectadas
2 cucharadas de azúcar mascabado
Una pizca de canela molida
1 cucharadita de tomillo fresco, limpio
½ taza de yogur griego sin grasa
2 cucharadas de miel de agave

PREPARACIÓN

Para los *pancakes*
Corta los plátanos en rodajas y colócalos en un tazón junto con los huevos y la harina de amaranto. Pisa los plátanos con un tenedor o un pisador de papas hasta hacerlos puré. Integra la mezcla con un batidor globo hasta que esté homogénea e infle ligeramente. Barniza un sartén chico con mantequilla y calienta a fuego medio. Añade una porción de la mezcla de plátano (⅔ de taza) para formar el primer pancake. Cocina hasta que se formen burbujas en la superficie y las orillas estén firmes. Dale la vuelta y deja hasta que tome un ligero tono dorado. Repite este paso con el resto de las porciones.

Para servir
Calienta la mantequilla en un sartén y saltea las frutas por 30 segundos. Espolvorea azúcar mascabado, canela molida y tomillo. Sigue salteando hasta que las frutas suavicen ligeramente y el azúcar se haya fundido. Sirve los *pancakes* calientes, con los frutos rojos salteados, yogur griego y miel de agave. Disfruta.

AMARANTO
Es un gran aliado para la reducción del colesterol, pues su fibra evita la absorción de este lípido en el intestino, limpiándolo y previniendo pólipos.

TIEMPO RENDIMIENTO

PORCIÓN

175	8.3	8.5	160.6	18.5	3.4
KCAL	PROT	LIP	COL	CH	FIB
16	179.2	0.7	4.5	2.1	0.6
CAL	NA	HIE	AGS	AGM	AGP

CELIAQUÍA

DIABETES

FLEXITARIANA

HIPERTENSIÓN

TAZÓN DE QUINOA
Y frutas PARA EL DESAYUNO

INGREDIENTES

¼ de taza de quinoa, enjuagada
½ taza de leche de almendras
Una pizca de canela molida
2 cucharadas de jugo de naranja natural
1 cucharadita de ralladura de cáscara de naranja
2 cucharadas de coco rallado
1 cucharada de arándanos deshidratados o moras azules, lavadas y desinfectadas
1 plátano dominico, en rodajas
1 cucharadita de miel de maple
2 cucharadas de semillas de girasol, peladas y tostadas
Ralladura de cáscara de naranja y de limón, al gusto (para decorar)

PREPARACIÓN

Cocina la quinoa en una olla chica con la leche de almendras; deja a fuego medio hasta que absorba todo el líquido e infle. Una vez listo, apaga el fuego y agrega el resto de los ingredientes a la olla. Revuelve bien para integrar los sabores y sirve de inmediato. Decora con ralladura de naranja y de limón. Comparte y disfruta.

TIEMPO 15 MIN

RENDIMIENTO 2

PORCIÓN ½ TAZA

KCAL	PROT	LIP	COL	CH	FIB
109	1.7	3.2	0	19.1	1.4
CAL	**NA**	**HIE**	**AGS**	**AGM**	**AGP**
104.8	55.1	0.5	1.8	0.6	0.4

CELIAQUÍA DIABETES FLEXITARIANA HIPERTENSIÓN

PALEO PESCETARIANA VEGANA VEGETARIANA

TIEMPO
1 HORA
RENDIMIENTO
6
PORCIÓN
80 G DE LOMO
207 KCAL
19.5 PROT
8.2 LIP
50.7 COL
13.1 CH
2.1 FIB
26.2 CAL
165 NA
1.9 HIE
2.4 AGS
4.2 AGM
0.8 AGP
CELIAQUÍA
DIABETES
FLEXITARIANA
HIPERTENSIÓN

LOMO DE CERDO
CON SALSA DE MANZANA Y KALE AL VAPOR

INGREDIENTES

Para el lomo
⅔ de taza de almendras molidas
½ cucharadita de tomillo seco molido
½ cucharadita de semillas de cilantro molidas
¼ de cucharadita de pimenta negra molida
500 g (1.10 lb) de lomo de cerdo, limpio
1 cucharada de mostaza Dijon
1 cucharada de aceite de oliva
2 dientes de ajo machacados

Para la salsa de manzana
1 cucharadita de aceite de coco
½ taza de manzana amarilla
¼ de taza de jugo de manzana natural
¼ de taza de agua
1½ cucharaditas de miel de maple libre de gluten
Una pizca de sal y pimienta negra molida
1½ cucharaditas de fécula de maíz
1½ cucharaditas de vinagre de manzana

Para servir
6 tazas de agua
1 cucharadita de vinagre blanco
Una pizca de pimienta negra molida
3 tazas de kale, lavadas, desinfectadas y troceadas
½ cebolla, en julianas
1 taza de hielos

PREPARACIÓN

Para el lomo
Precalienta tu horno a 400ºF.
Combina en un tazón almendras molidas, tomillo, semillas de cilantro, pimienta y revuelve muy bien. Barniza el lomo con mostaza Dijon y cúbrelo con la mezcla anterior. Calienta aceite en un sartén y sella el lomo hasta dorar todos sus lados. Pásalo a un refractario para horno y cúbrelo con papel aluminio. Hornea de 20 a 25 minutos o hasta que el centro esté bien cocinado y la carne se mantenga jugosa. Asegúrate de la cocción de la carne al introducir al centro del lomo un termómetro de cocina; la temperatura interna debe marcar 145ºF. Una vez listo, retira del horno y pasa a tu tabla para picar. Cúbrelo con aluminio y deja reposar por 10 minutos.

Para la salsa de manzana
Derrite la mantequilla en una olla mediana y cocina los cubos de manzana de 2 a 3 minutos o hasta que empiecen a suavizar. Agrega jugo de manzana, agua, miel de maple y aumenta el sabor con sal y pimienta, sigue cocinando a fuego bajo. Disuelve la fécula de maíz en un tazón con vinagre de manzana; vierte en la olla y cocina sin dejar de mover hasta que la salsa espese. Retira del fuego y licúa hasta incorporar. Cuela y reserva caliente.

Para servir
Calienta en una olla 4 tazas de agua, vinagre y pimienta. Cuando el agua hierva agrega *kale* y cebolla. Cocina de 3 a 5 minutos para suavizar. Retira del agua caliente y transfiere a un tazón con el resto del agua con hielos para detener la cocción. Corta el lomo en medallones y sirve con la salsa de manzana y la *kale*. Disfruta de inmediato.

PASTEL DE CHOCOLATE SIN AZÚCAR

INGREDIENTES

Para el pastel
8 huevos (fríos)
2 y ¼ tazas de chocolate semiamargo, picado (85% cacao)
2 barras de mantequilla sin sal 90 g (3.17 oz)
Agua hirviendo (la necesaria)

Para decorar
¼ de taza de sustituto de azúcar
½ taza de frambuesas, lavadas y desinfectadas

PREPARACIÓN

Para el pastel
Precalienta tu horno a 320ºF.
Coloca en tu batidora los huevos y bate con el aditamento de globo por 5 minutos o hasta que doblen su tamaño. Derrite en baño maría el chocolate con la mantequilla, sin dejar de mover para evitar que el chocolate se queme. Agrega un tercio de los huevos batidos al chocolate con mantequilla e integra de forma envolvente. Añade otro tercio revolviendo de forma envolvente y el último tercio de igual manera, hasta obtener una mezcla homogénea. Engrasa un molde circular de 7-8 pulgadas con arillo desmontable y refuerza el fondo del molde con dos capas de papel aluminio. Coloca el molde dentro de un refractario más grande y agrega agua hirviendo hasta cubrir la mitad del molde circular. Hornea de 22 a 25 minutos, o hasta que el pastel esponje ligeramente, los bordes empiecen a dorar y se forme en la parte superior una costra parecida a la de los brownies. Saca el molde del baño maría y deja enfriar por completo antes de desmoldar.

Para servir
Coloca el sustituto de azúcar en tu procesador o licuadora y muele hasta obtener un polvo parecido al azúcar *glass.* Desmolda el pastel cuando esté completamente frío, decóralo con el endulzante y las frambuesas; comparte y disfruta.

TIEMPO
RENDIMIENTO
PORCIÓN
50 MIN
12
1 REBANADA
354 KCAL
7.3 PROT
26.6 LIP
177.5 COL
21.9 CH
2.8 FIB
15.3 CAL
63. NA
0.7 HIE
16.2 AGS
4.3 AGM
0.7 AGP
CELIAQUÍA
ABETES
FLEXITARIANA

FRUIT CAKE
LIBRE DE GLUTEN

FRUIT CAKE
LIBRE DE GLUTEN

INGREDIENTES

220 g de mantequilla sin sal
180 g de azúcar mascabado
1/3 taza (2.5 oz) de brandy
1 cucharadita de extracto de vainilla
3 huevos, ligeramente batidos
200 g (7 oz) de harina libre de gluten comprada o mezcla casera
1 cucharadita de polvo para hornear
½ cucharadita de bicarbonato de sodio
100 g (3.52 oz) de almendras molidas
Una pizca de cardamomo molido
Una pizca de canela molida
Una pizca de pimienta negra molida
¼ de taza de uvas pasa
¼ de taza de arándanos deshidratados
¼ de taza de chabacanos (damascos) deshidratados, ligeramente picados
1 cucharada de naranja cristalizada, en cubos chicos
3 cerezas en almíbar, escurridas, enjuagadas y picadas

PREPARACIÓN

Precalienta tu horno a 350°F.
Forra un molde rectangular para panqué con papel encerado y reserva. Acrema la mantequilla junto con el azúcar en tu batidora con el aditamento de pala hasta que suavice completamente. Agrega el brandy y el extracto de vainilla. Bate hasta integrar y, por último, incorpora uno a uno los huevos conforme se integren con la preparación. Combina en un tazón harina libre de gluten, polvo para hornear, bicarbonato de sodio, almendras molidas, cardamomo, canela y pimienta. Vacía los polvos poco a poco al tazón de tu batidora y bate a velocidad baja hasta obtener una mezcla homogénea y bien incorporada. Añade las frutas a la preparación e integra con ayuda de una pala de silicón con movimientos envolventes. Vierte la mezcla al molde previamente forrado y hornea por 60 minutos, aproximadamente, o hasta que al introducir un palillo al centro, éste salga limpio. Una vez listo, desmolda el pan y deja enfriar por completo en una rejilla antes de servir. Comparte y disfruta.

Toma nota

El maíz, el arroz, la avena, el mijo y pseudocereales como el amaranto y la quinoa son libres de gluten. Sin embargo, es necesario revisar que las harinas de estos cereales estén certificadas como "libres de gluten", ya que a pesar de que la materia prima no lo contiene, en caso de ser molidos en molinos con residuos de cereales con gluten podrían contaminarse.

TIEMPO: 55 MIN

RENDIMIENTO:

PORCIÓN:

368	5.5	21.8	89.9	35.9	2
KCAL	PROT	LIP	COL	CH	FIB
30.7	22.9	1.3	10.4	6.6	1.3
CAL	NA	HIE	AGS	AGM	AGP

CELIAQUÍA

FLEXITARIANA

PESCETARIANA

BITES ALTERNATIVOS Y PICANTES

INGREDIENTES

2 chiles anchos, limpios, asados e hidratados
1 limón (jugo)
2 cucharadas de miel de agave
20 dátiles sin hueso
1 ½ taza de almendras, tostadas
½ taza de avellanas, tostadas
Una pizca de sal
⅓ de taza de chile piquín, en polvo

PREPARACIÓN

Coloca todos los ingredientes (excepto el chile piquín) en tu procesador de alimentos hasta obtener una mezcla homogénea. Forma con la mezcla bolitas del tamaño de un garbanzo y cúbrelas con chile piquín. Disfruta como *snack.*

Cada año elaboro recetas para las personas con diabetes y el aprendizaje es el mismo: no hace falta sacrificar el sabor de los platillos para obtener combinaciones deliciosas y muy saludables.

–Chef Oropeza

Diabetes

Es una enfermedad crónica degenerativa caracterizada por la elevación de la glucosa en la sangre (hiperglicemia), producida como consecuencia de las alteraciones en la producción y/o acción de la insulina. Su tratamiento requiere inyecciones periódicas de insulina sintética para equilibrar el metabolismo de los azúcares. Aunque no es curable, sí es controlable.

Diabetes tipo 1. Es un padecimiento autoinmune en el cual las células del páncreas encargadas de producir insulina se destruyen, causando una deficiencia de esta hormona en el cuerpo. Puede aparecer durante la infancia o la adolescencia y no puede prevenirse.

Diabetes tipo 2. Aunque el páncreas sí produce insulina, el cuerpo no responde bien a ella. En la mayoría de los casos ocurre en personas con sobrepeso u obesidad. Su aparición se atribuye a una consecuencia genética o a una alimentación deficiente y hábitos sedentarios.

SUS ORÍGENES. En el siglo XIX, Bouchardat, un clínico francés, sugirió la restricción de calorías en la dieta como parte del tratamiento de la diabetes. En 1914, el médico Frederick Allen hizo un experimento con perros diabéticos y descubrió que si estos comían mucho empeoraban y mejoraban si se sometían a un ayuno total. Más tarde, tras el tratamiento de la diabetes con insulina en 1923, el número de defunciones disminuyó drásticamente. Sin embargo, una de las claves más importantes para evitar las complicaciones es llevar una alimentación adecuada.

REGLA BÁSICA DE ALIMENTACIÓN: Cuida y limita la cantidad de alimentos con un alto contenido de azúcar para evitar que tus niveles de glucosa se incrementen. Evita los ingredientes altos en grasa saturada, sodio y regula el tipo y las porciones de carbohidratos que consumes. Por otro lado, el ejercicio en la vida de una persona que vive con diabetes es fundamental, pues ayudar al cuerpo a aprovechar mejor la insulina que produce y a favorecer la pérdida de peso. De hecho, la mayoría de los programas mundiales enfocados al diseño de planes alimentarios respaldan el control de la ingesta calórica (lo que comes) con el incremento del gasto calórico diario (actividad física). Así, en la "alimentación diabética" esta ingesta debe considerar una proporción entre proteínas, carbohidratos y grasas, de 20%, 50% y 30%, respectivamente, para cada macronutrimento.

ALIMENTOS SUGERIDOS. Pescados. Sus ácidos grasos omega 3 protegen el corazón y tienen propiedades antiinflamatorias. Carnes blancas. Alimentos como el pollo tienen una menor cantidad de grasa y son más saludables para el organismo. Vegetales. Los de hojas verdes, como la espinaca, el brócoli y el jitomate son los más recomendables. Lácteos sin grasa. Tienen calcio, proteínas y vitaminas básicos en la prevención de la diabetes. Cortes magros.Cerdo, res y ternera.

AGUACATES ENVUELTOS

CON TOCINO AL HORNO

INGREDIENTES

6 rebanadas de tocino de pavo
1 aguacate, en rebanadas del mismo tamaño
1 cucharada de chile piquín, en polvo

PREPARACIÓN

Precalienta tu horno a 425°F.
Corta las rebanadas de tocino de pavo en dos y envuelve con ellas cada rebanada de aguacate. Colócalas sobre una charola con papel encerado y espolvoréalas con chile piquín. Hornéalas de 15 a 18 minutos, o hasta que el tocino esté crujiente. Deja enfriar ligeramente y disfruta.

TIEMPO

RENDIMIENTO

PORCIÓN

35	1.8	2.9	4.9	1.1	0
KCAL	PROT	LIP	COL	CH	FIB
0.5	122.7	0.1	0.6	1.4	0.5
CAL	NA	HIE	AGS	AGM	AGP

CELIAQUÍA

DIABETES

FLEXITARIANA

HIPERTENSIÓN

PALEO

ENSALADA DE FRIJOLES BAYOS
Y NOPALES CON VINAGRETA DE ORÉGANO

INGREDIENTES

Para la vinagreta de orégano
3 cucharadas de hojas de orégano frescas, lavadas y desinfectadas
½ diente de ajo
Una pizca de sal y pimienta negra molida
¼ de cebolla morada, finamente picada
3 cucharadas de aceite de oliva
1 cucharada de vinagre de vino tinto

Para la ensalada
3 tazas de nopales *baby,* en bastones cortos y blanqueados
2 taza de frijoles bayos, cocinados en agua sin sal
½ cebolla morada, picada
½ taza de tallos de cilantro, lavados, desinfectados y picados
2 tazas de berros limpios, lavados y desinfectados
1 taza de arúgula, lavada y desinfectada

PREPARACIÓN

Para la vinagreta de orégano
Coloca en un mortero orégano, ajo, sal y pimienta negra molida; machaca hasta integrar. Pasa a un tazón pequeño y agrega aceite de oliva y vinagre de jerez. Agita con un batidor globo hasta formar una emulsión; reserva.

Para la ensalada
Coloca todos los ingredientes en el tazón de la vinagreta y revuelve bien para incorporar todos los sabores. Sirve de inmediato y disfruta.

NOPAL
Es rico en vitaminas A, C, K, riboflavina, tiamina, niacina y folatos, nutrimentos que evitan el envejecimiento prematuro.

TIEMPO	RENDIMIENTO	PORCIÓN
10 MIN	4	1 TAZA DE ENSALADA

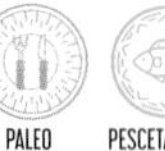

AYURVÉDICA · CELIAQUÍA · DIABETES · FLEXITARIANA · HIPERTENSIÓN · MESOAMERICANA · PALEO · PESCETARIANA · VEGANA · VEGETARIANA

242 KCAL	9.2 PROT	12.2 LIP	0 COL	26 CH	6.1 FIB
59.9 CAL	74.7 NA	3.3 HIE	1.6 AGS	8.3 AGM	1 AGP

ATÚN CON VEGETALES
SALTEADOS

INGREDIENTES

½ cucharada de aceite de oliva
½ cebolla, fileteada
1 calabacita, en medias lunas
1 zanahoria mediana, en medias lunas
Una pizca de sal y pimienta negra molida
½ cucharada de aceite de canola
2 latas de atún en trozo, en agua
1 chile serrano, limpio y en rodajas delgadas
3 cucharadas de hojas de cilantro, lavadas, desinfectadas y ligeramente picadas

PREPARACIÓN

Calienta el aceite de oliva en un sartén y saltea cebolla, calabacitas y zanahoria, sin dejar de mover, por 5 minutos o hasta que las calabacitas doren ligeramente. Aumenta el sabor con sal y pimienta, retira del sartén y reserva caliente. Agrega el aceite de canola en el mismo sartén, calienta a fuego alto y coloca los medallones de atún que vienen en las latas, procurando mantenerlos lo más completos posibles. Sella por ambos lados hasta que doren. Divide los medallones de atún en trozos grandes y sirve en tazones individuales junto con una porción de los vegetales salteados. Termina con chile serrano y hojas de cilantro. Comparte y disfruta.

Cebolla *vs.* diabetes
La glucoquinina –sustancia contenida en la cebolla– tiene un efecto "hipoglucemiante" en las personas con diabetes al provocar que sus niveles de azúcar en la sangre se reduzcan.

TIEMPO

RECOMENDADA

PORCIÓN

97	11.3	4.2	8	3.5	1
KCAL	PROT	LIP	COL	CH	FIB
0.2	202.9	0.2	0.4	2.5	1.1
CAL	NA	HIE	AGS	AGM	AGP

CELIAQUÍA

DIABETES

FLEXITARIANA

HIPERTENSIÓN
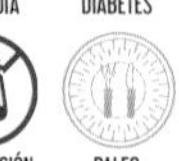
PALEO

PESCETARIANA

SOPA FRÍA
DE CHABACANO Y PORO ROSTIZADO

INGREDIENTES

8 chabacanos (damascos) en mitades sin hueso
1 poro (puerro) mediano, en rodajas (solo la parte blanca)
¼ de cebolla, en rodajas
1 cucharada de aceite de oliva
Una pizca de sal y pimienta negra molida
2 tazas de caldo de vegetales
1 cucharada de vinagre blanco
½ taza de julianas de poro, fritas
¼ de taza de pistaches, tostados

PREPARACIÓN

Precalienta tu horno a 400ºF.
Coloca chabacanos, poro y cebolla en una charola o refractario para horno. Baña con aceite de oliva y espolvorea con sal y pimienta. Hornea por una hora hasta que los ingredientes rosticen. Retira del horno y deja enfriar unos minutos. Licúa los ingredientes rostizados con caldo de vegetales y vinagre blanco hasta obtener una sopa homogénea y ligeramente espesa. Sirve la sopa fría o tibia y decora con tiras de poro frito y pistaches tostados. Comparte y disfruta.

TIEMPO

80 MIN

RENDIMIENTO
4

PORCIÓN
1 TAZA

180.6	5.42	11.71	0	16.4	1.83
KCAL	PROT	LIP	COL	CH	FIB
56.8	180.2	1.51	1.36	8.92	2.26
CAL	NA	HIE	AGS	AGM	AGP

AYURVÉDICA

CELIAQUÍA

DIABETES

FLEXITARIANA
HIPERTENSIÓN
PALEO
PESCETARIANA

VEGETARIANA

SOPA DE EJOTES Y CÚRCUMA

INGREDIENTES

3 tazas de ejotes (habichuelas) frescos, limpios y troceados
5 cebollas cambray, finamente rebanadas (sin tallo)
2 cucharadas de cúrcuma fresca, sin piel y en rebanadas
1 cucharadita de jengibre fresco, rallado
2 cucharadas de aceite de oliva
4 tazas de caldo de vegetales
1 cucharada de hojas de estragón fresco, lavado y desinfectado
Una pizca de sal y pimienta negra molida
Una pizca de azúcar
½ limón sin semillas (el jugo)
Aceite de oliva (para decorar)
2 cucharadas de brotes mixtos, lavados y desinfectados

PREPARACIÓN

Coloca los ejotes, las cebollas, la cúrcuma y el jengibre en una olla con una cucharada de aceite de oliva; saltea por unos minutos. Agrega el caldo de vegetales y cocina a fuego alto hasta que hierva. Retira la olla del fuego y agrega las hojas de estragón, la sal y la pimienta; el azúcar y el jugo de limón. Enfría ligeramente y coloca la sopa en tu procesador de alimentos o licuadora. Procesa hasta obtener una textura suave y bien incorporada. Rectifica el sabor. Calienta la cucharada restante de aceite de oliva y saltea los cubos de pechuga de pavo hasta que estén ligeramente dorados. Sirve la sopa caliente y decora con aceite de oliva en forma de hilo y brotes. Disfruta.

164 KCAL
4.2 PROT
10.7 LIP
0 COL
16 CH
5.6 FIB
12.8 CAL
113.2 NA
4.1 HIE
1.6 AGS
7.4 AGM
0.8 AGP
TIEMPO
20 MIN
RENDIMIENTO
4
PORCIÓN
1 TAZA
AYURVÉDICA
CELIAQUÍA
DIABETES
FLEXITARIANA
HIPERTENSIÓN
PALEO
PESCETARIANA
VEGANA
VEGETARIANA

INFUSIÓN DE EUCALIPTO, LIMÓN AMARILLO Y MIEL

INGREDIENTES

4 tazas de agua
6 hojas de eucalipto frescas, lavadas y desinfectadas
1 limón amarillo
Miel de abeja, al gusto

PREPARACIÓN

Coloca el agua en una olla chica o tetera. Agrega las hojas de eucalipto y la piel del limón. Calienta a fuego bajo hasta hervir. Retira del fuego y deja reposar la infusión por 8 minutos. Cuela la infusión sobre tazas, exprime el jugo de limón sobre cada taza y endulza con miel de abeja al gusto. Disfruta caliente o frío.

RENDIMIENTO

PORCIÓN

30 KCAL	0.3 PROT	0.2 LIP	0 COL	8.1 CH	1 FIB
0 CAL	0.6 NA	0 HIE	0 AGS	0 AGM	0 AGP

AYURVÉDICA

CELIAQUÍA

DIABETES

FLEXITARIANA

HIPERTENSIÓN

PALEO

PESCETARIANA

VEGETARIANA

SOPA DE ZANAHORIA Y COLIFLOR

INGREDIENTES

2 cucharadas de aceite de coco
6 zanahorias, en rodajas
2 tazas de coliflor en ramitos
½ cebolla, picada
2 dientes de ajo, finamente picados
2 cucharadas de *curry* amarillo en polvo
½ naranja, sin semillas
½ chile de árbol seco, sin semillas y finamente picado
4 tazas de caldo de vegetales sin sal
4 cucharadas de perejil, lavado, desinfectado y ligeramente picado
Una pizca de pimienta negra molida

PREPARACIÓN

Calienta el aceite en una olla. Cocina las zanahorias, la coliflor, la cebolla y los ajos por 10 minutos hasta que los vegetales suavicen ligeramente y la cebolla se torne translúcida. Agrega el *curry* y revuelve. Enseguida incorpora el jugo de la naranja y el chile de árbol. Revuelve bien y deja cocinar por un minuto. Añade el caldo, tapa y cocina por 12 minutos a fuego bajo, o hasta que las zanahorias suavicen por completo. Pasa el contenido de la olla al vaso de tu licuadora, deja enfriar ligeramente y licúa hasta obtener una textura espesa y homogénea. Regresa la sopa a la olla donde la cocinaste y caliéntala a fuego medio por 5 minutos sin dejar de mover y rectifica el sabor. Sirve caliente y decora con perejil y pimienta negra. Comparte y disfruta.

TIEMPO	RENDIMIENTO	PORCIÓN
35 MIN	4	1 TAZA

133 KCAL	2.9 PROT	8.5 LIP	0 COL	12.8 CH	3.6 FIB
0 CAL	2 NA	0.5 HIE	6.5 AGS	0.5 AGM	0.2 AGP

CURRY VERDE
DE BERENJENAS

INGREDIENTES

Para la pasta de *curry* verde

1 cucharadita de semillas de cilantro
1 cucharadita de comino
1 cucharadita de pimienta negra
3 cucharadas de té limón, picado
2 cucharadas de jengibre, rallado
4 chiles verdes
¼ de taza de echalote, picado
½ taza de cilantro, lavado y desinfectado
¼ de taza de hojas de albahaca, lavadas y desinfectadas
1 cucharadita de ralladura de limón
1 cucharada de salsa de soya baja en sodio
¼ de taza de agua

Para el curry de berenjenas

2 cucharadas de aceite de cacahuate
4 berenjenas chicas, en cubos, desflemadas
1 calabacita, en medias lunas
1 taza de leche de coco
1 limón (el jugo)
1 cucharada de azúcar mascabado
¼ de taza de hojas de cilantro, lavadas y desinfectadas
¼ de taza de hojas de albahaca, lavadas y desinfectadas
2 tazas de arroz al vapor

PREPARACIÓN

Para la pasta de *curry* verde

Coloca todos los ingredientes en tu procesador de alimentos y mezcla hasta lograr una pasta. Reserva.

Para el curry de berenjenas

Vierte la mitad del aceite en un sartén caliente. Saltea las berenjenas y las calabazas hasta que estén ligeramente doradas y suaves. Retira del fuego y reserva. Calienta el aceite restante en una olla, agrega la pasta de *curry* y cocínala por 3 minutos. Incorpora la leche de coco, el jugo de limón, el azúcar y los vegetales salteados. Sigue la cocción y deja hervir por 10 minutos a fuego bajo, o hasta que el *curry* espese. Sirve de inmediato con hojas de cilantro y de albahaca. Disfruta con arroz al vapor.

Cómo desflemar berenjenas

- La berenjena tiene una sustancia llamada solanina, la cual en dosis altas es tóxica
- El método más eficaz para eliminarla es cortando la berenjena en rodajas o láminas
- Cúbrelas con sal y deja reposar 30 minutos
- Notarás como sale un líquido de ellas
- Enjuaga con abundante agua y estarán listas para su uso

TIP * Decide el picor de tu *curry,* retirando o no las semillas de los chiles.

TIEMPO

RENDIMIENTO

PORCIÓN

213	4.1	7.1	0	34.1	2.6
KCAL	PROT	LIP	COL	CH	FIB
8.8	101.1	1.2	2.4	2.4	2.1
CAL	NA	HIE	AGS	AGM	AGP

AYURVÉDICA

CELIAQUÍA
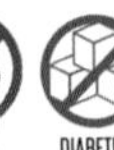
DIABETES

FLEXITARIANA
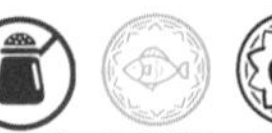
HIPERTENSIÓN
PESCETARIANA

VEGANA

VEGETARIANA

HELADO DE CHOCOLATE
SIN LÁCTEOS

INGREDIENTES

2 plátanos medianos, maduros
2 aguacates medianos, maduros
⅓ de taza de leche de coco
⅓ de taza de cocoa sin azúcar
¼ de taza de sustituto de azúcar

PREPARACIÓN

Coloca todos los ingredientes en tu procesador o licuadora y muele hasta integrar y obtener una mezcla suave y homogénea. Pasa la mezcla por tu máquina de helados por 10 minutos, o hasta obtener la consistencia deseada. Lleva a tu congelador hasta el momento de servir.

TIEMPO

RENDIMIENTO

PORCIÓN

109	2.9	5.5	0	14	0.7
KCAL	PROT	LIP	COL	CH	FIB
0.2	5.9	0	1	2.6	0.5
CAL	NA	HIE	AGS	AGM	AGP

AYURVÉDICA CELIAQUÍA CRUDIVEGANA DIABETES FLEXITARIANA HIPERTENSIÓN PALEO PESCETARIANA VEGANA VEGETARIANA

MANTEQUILLA
CASERA DE CACAHUATE

INGREDIENTES

2½ tazas de cacahuates pelados
1 cucharada de aceite de coco, fundido
Una pizca de sal

PREPARACIÓN

Tuesta los cacahuates en un sartén, hasta que doren. Reserva media taza de cacahuates, coloca el resto dentro de tu procesador de alimentos junto con el aceite de coco y la sal. Procesa a pulsos hasta que comience a formarse una pasta, enseguida deja encendido el procesador hasta obtener una consistencia cremosa y homogénea. Pica los cacahuates que reservaste, intégralos a la mantequilla y revuelve muy bien. Pasa la mantequilla a una frasco de vidrio y conserva en refrigeración hasta por 2 semanas.

TIEMPO	RENDIMIENTO	PORCIÓN
30 MIN	400 G	1 CDA

106	4.5	9	0	3.7	1.5
KCAL	PROT	LIP	COL	CH	FIB
11	10.5	0.4	1.8	3.8	2.9
CAL	NA	HIE	AGS	AGM	AGP

AYURVÉDICA · CELIAQUÍA · DIABETES · FLEXITARIANA · HIPERTENSIÓN · PESCETARIANA · VEGANA · VEGETARIANA

CHUTNEY DE NARANJA Y PIÑA

INGREDIENTES

1 taza de piña natural, en cubos chicos
1 taza de supremas de naranja
4 cucharadas de cáscara de naranja, en julianas
¼ de taza de azúcar mascabado +
½ cucharadita
½ cucharadita de canela molida
1 taza jugo de naranja
¼ de taza de vinagre de manzana
2½ tazas de agua
½ taza de piña

PREPARACIÓN

En una olla con antiadherente combina la piña, las supremas, la cáscara de naranja, el azúcar, la canela, el jugo, el vinagre y 2 tazas de agua. Coloca a fuego medio y deja hervir. Reduce el fuego cuando el agua hierva y sigue cocinando por 30 minutos o hasta que el líquido se haya consumido casi por completo y la piña suavice. Añade ½ taza de agua y revuelve bien (en este momento la preparación deberá tener una consistencia gelatinosa). Introduce una batidora de inmersión dentro de la olla con el fuego apagado o transfiere la preparación a tu licuadora y procesa ligeramente hasta obtener una consistencia como de mermelada: espesa y con ligeros tropiezos. De ser necesario, agrega un poco más de agua. Lleva nuevamente el *chutney* a fuego bajo y deja cocinar por 3 minutos más. Enfría y conserva en un frasco de vidrio esterilizado; disfruta.

TIEMPO	RENDIMIENTO	PORCIÓN
45 MIN	1 TAZA	1 CDA

30 KCAL	0.3 PROT	0.2 LIP	0 COL	8.1 CH	0 FIB
0 CAL	8.1 NA	0 HIE	0 AGS	0 AGM	0 AGP

AYURVÉDICA · CELIAQUÍA · DIABETES · FLEXITARIANA
HIPERTENSIÓN · PESCETARIANA · VEGANA · VEGETARIANA

Controlar el consumo de sal, aumentar la ingesta de vegetales y reducir el consumo de grasas, son acciones que todos deberíamos aplicar a nuestra alimentación.

–Chef Oropeza

Hipertensión

La presión arterial alta o hipertensión es un mal que aumenta el riesgo de sufrir trastornos renales, un ataque cardiaco e incluso la muerte. Desde hace varias décadas, los expertos determinaron que el tipo de alimentación puede influir en la presión arterial. En la actualidad, parte de su tratamiento incluye una alimentación sana para el corazón, baja en sodio y grasas.

¿POR QUÉ SE ELEVA LA PRESIÓN ARTERIAL? Tu corazón y tus venas forman un bomba que impulsa la sangre por todo el cuerpo; la presión arterial es la fuerza que realiza tu corazón al enviarla, y tus venas y arterias al recibirla. Si están haciendo un esfuerzo adicional al que se necesita normalmente, es probable que sufras hipertensión. Seis años atrás se estimaba que 15 millones de personas en México sufrían este padecimiento, que se manifiesta con dolor de cabeza, visión borrosa y "lucecitas"; sangrados nasales sin causa aparente, náuseas y vómito. Hay que tener en cuenta que no todas las personas presentan todos los síntomas.

REGLA BÁSICA DE ALIMENTACIÓN. Debes llevar una dieta hiposódica (baja en grasa y sal). Vigila la cantidad de ambos en la preparación de los alimentos y la de los ingredientes empaquetados. Prefiere los alimentos frescos y reduce al mínimo tu consumo de carne roja, pescados enlatados o ahumados; mariscos, productos salados o refinados y quesos grasos.

ALIMENTOS SUGERIDOS: Frutas y vegetales. Consume al menos cinco porciones al día. Alimentos libres de grasa cocinados a la parrilla, al vapor o asados. Aceite de oliva o canola (modera su uso). Aves sin piel y pescados. Cereales integrales, semillas o frutos secos (nueces y almendras).

ENSALADA DE BETABEL Y ARÚGULA
CON VINAGRETA DE NARANJA

INGREDIENTES

Para la vinagreta
½ naranja (el jugo)
1 cucharadita de orégano seco
Una pizca de sal y pimienta negra molida
1 cucharada de vinagre blanco
3 cucharadas de aceite de oliva

Para la ensalada
2 betabeles (remolachas) chicos, cocinados y en cuartos
½ cebolla fileteada
2 tazas de hojas de arúgula
1 cucharada de ajonjolí negro
2 cucharadas de semillas de calabaza sin cáscara

PREPARACIÓN

Para la vinagreta
Coloca todos los ingredientes en un frasco con tapa y agita vigorosamente hasta formar una emulsión.

Para la ensalada
Mezcla en un tazón los cuartos de betabel y cebolla fileteada con una cucharada de vinagreta; revuelve bien para impregnar todo el sabor y vacía sobre las hojas de arúgula. Tuesta en un sartén caliente ajonjolí negro y semillas de calabaza por 2 minutos o hasta que estén dorados y aromáticos. Espolvorea sobre la ensalada y disfruta de inmediato.

TIEMPO	RENDIMIENTO	PORCIÓN
5 MIN	4	1 TAZA

157.64	4.03	11.41	0	11.58	1.05
KCAL	PROT	LIP	COL	CH	FIB
36.34	138.50	2.30	1.63	6.78	1.25
CAL	NA	HIE	AGS	AGM	AGP

AYURVÉDICA CELIAQUÍA FLEXITARIANA HIPERTENSIÓN

PALEO PESCETARIANA VEGANA VEGETARIANA

ESTOFADO
DE HONGOS MIXTOS

ESTOFADO
DE HONGOS MIXTOS

INGREDIENTES

Para el fondo

2 cucharadas de aceite de oliva
3 ramas de apio, en cubos
2 zanahorias, en rodajas
½ cebolla
2 dientes de ajo
1 manojo de hierbas aromáticas, lavadas y desinfectadas
2 L (8½ tazas de agua)
2 tazas de hongos *shiitake,* secos

Para el estofado de hongos

2 cucharadas de aceite de oliva
¼ de cebolla, finamente picada
2 echalotes, finamente picados
1 taza de poro (puerro) fileteado
1 taza de papas cambray, en mitades
1 taza de hongos *crimini,* en cuartos
1 taza de hongo pajarito
1 taza de setas, fileteadas
Una pizca de sal y pimienta negra molida
1 cucharada de páprika
1 cucharada de estragón fresco, lavado, desinfectado y ligeramente picado
1 cucharada de perejil, lavado, desinfectado y ligeramente picado

PREPARACIÓN

Para el fondo

Coloca en una olla a fuego alto aceite de oliva, apio, zanahoria, cebolla, ajo, hierbas aromáticas, agua y permite que hierva. Agrega hongos *shiitake,* reduce a fuego medio, y permite que los hongos se hidraten por 10 minutos. Retira los hongos de la olla y mantén el caldo a fuego bajo.

Para el estofado de hongos

Calienta el aceite en una olla y saltea cebolla, echalotes, poro y papas sin dejar de mover hasta que comiencen a suavizar; por 8 minutos, aproximadamente. Integra los hongos, incluyendo los shiitakes que hidrataste y revuelve muy bien. Aumenta el sabor con sal, pimienta y páprika. Agrega 3 tazas del fondo de hongos caliente, reduce a fuego bajo, y cocina de 15 a 20 minutos o hasta que el líquido reduzca a la mitad. Incorpora las hierbas frescas y sirve de inmediato.

TIEMPO RENDIMIENTO PORCIÓN

FONDO DE HONGOS

105	3.3	5.7	0	12.3	1.7
KCAL	PROT	LIP	COL	CH	FIB
3.1	37.1	1	0.7	3.8	0.4
CAL	NA	HIE	AGS	AGM	AGP

AYURVÉDICA

CELIAQUÍA

DIABETES

FLEXITARIANA

HIPERTENSIÓN

MESOAMERICANA PESCETARIANA

VEGANA

VEGETARIANA

TÉ RELAJANTE

INGREDIENTES

4 tazas de agua
2 cucharaditas de té verde
½ taza de manzanilla seca, lavada y desinfectada
4 tallos delgados de apio
Miel de agave, al gusto

PREPARACIÓN

Calienta el agua en una olla o tetera y retira del fuego cuando comience a hervir. Agrega el té verde, la manzanilla y los tallos de apio; permite infusionar por 8 minutos y cuela. Sirve el té caliente y endulza con miel de agave al gusto. Disfruta.

TIEMPO	RENDIMIENTO	PORCIÓN
15 MIN	4	1 TAZA

42	0.1	0.4	0	1.6	0
KCAL	PROT	LIP	COL	CH	FIB
0	100.6	0	0	0	0
CAL	NA	HIE	AGS	AGM	AGP

AYURVÉDICA CELIAQUÍA DIABETES FLEXITARIANA
HIPERTENSIÓN PALEO VEGANA VEGETARIANA

- 1 cucharada de aceite de oliva
- 1 cebolla, en cubos medianos
- 2 zanahorias, en cubos medianos
- 2 tallos de apio, en cubos medianos
- 1 poro (puerro) rebanado
- 1 rama de tomillo fresco
- 1 hoja de laurel
- 1 pechuga de pollo, con hueso, limpia y en mitades
- 3 L de agua
- Una pizca de sal y pimienta negra molida
- 8 rebanadas de jengibre fresco, sin piel
- 2 cucharadas de hojas de cilantro, lavadas, desinfectadas y ligeramente picadas
- 2 cucharadas de hojas de apio, lavadas, desinfectadas y ligeramente picadas
- 2 cucharadas de hojas de hierbabuena, lavadas, desinfectadas y ligeramente picadas

Calienta aceite en una olla grande. Sofríe cebolla, zanahoria, apio y poro hasta que suavicen y la cebolla transparente. Integra las hierbas de olor, el pollo y el agua. Espolvorea el caldo con sal y pimienta, añade el jengibre, tapa la olla y hierve a fuego bajo por 20 minutos. En este intervalo, no dejes de limpiar la superficie del caldo con ayuda de una espumadera. Cocina hasta que todos los sabores se concentren y el pollo esté bien cocinado. Sirve el caldo con la pechuga de pollo desmenuzada y los vegetales. Reparte las hojas aromáticas entre los platos y disfruta.

TIEMPO	RENDIMIENTO	PORCIÓN
35 MIN	1 TAZA	4

167 KCAL	17.7 PROT	5.5 LIP	40.4 COL	11.3 CH	2.1 FIB
8.4 CAL	118 NA	1.3 HIE	1.5 AGS	2.8 AGM	0.3 AGP

CELIAQUÍA · DIABETES · FLEXITARIANA · HIPERTENSIÓN · PALEO

CALDO DE POLLO AROMÁTICO
CON VEGETALES Y JENGIBRE

SOPA DE CHÍCHAROS
CON MENTA

INGREDIENTES

Para la sopa
5 cebollas cambray, finamente rebanadas (con tallo)
2 zanahorias chicas, sin piel y en cubos chicos
1 diente de ajo, machacado
4½ tazas de caldo de vegetales
2 tazas de chícharos (guisantes) frescos (recién pelados)
4 cucharadas de hojas de menta, lavadas y desinfectadas
Una pizca de azúcar
Una pizca de sal
1 cucharada de jugo de limón

Para servir
3 cucharadas de chícharos frescos (recién pelados) y blanqueados
2 cucharadas de hojas de menta, fileteadas
1 pizca de pimienta negra molida

PREPARACIÓN

Para la sopa
Coloca las cebollas, las zanahorias y el ajo en una olla junto con el caldo de vegetales. Calienta a fuego alto hasta que hierva. Baja el fuego y hierve por 15 minutos o hasta que la zanahoria esté completamente suave. Incorpora los chícharos y cocina solo por 5 minutos más, para evitar perder el color y el sabor fresco de los chícharos. Retira del fuego y agrega la menta, el azúcar, la sal y el jugo de limón. Enfría ligeramente y coloca la sopa en tu procesador de alimentos o licuadora, y mezcla hasta obtener una textura suave y bien incorporada. Rectifica el sabor.

Para servir
Sirve la sopa en platos semiprofundos y decora con chícharos blanqueados, menta y pimienta. Disfruta de inmediato.

TIEMPO	RENDIMIENTO	PORCIÓN
25 MIN	6	+½ TAZA DE SOPA

79	3.7	0.2	0	13.8	4.1
KCAL	PROT	LIP	COL	CH	FIB
3.7	69.1	0.9	0	0	0
CAL	NA	HIE	AGS	AGM	AGP

HIPERTENSIÓN

POLLO A LA PARRILLA
CON ADOBO DE CHIPOTLE

INGREDIENTES

Para el adobo

1 cebolla, en cuartos, asados
2 dientes de ajo, asados
2 chiles chipotles secos, limpios, asados e hidratados
1 clavo de olor
2 pimientas negras
Una pizca de comino seco molido y canela molida
Una pizca de sal
2 cucharaditas de ajonjolí blanco, tostado
1 cucharada de tallos de cilantro, lavados, desinfectados y picados
¼ de taza de vinagre de manzana
1 cucharada de miel de agave
2 cucharadas de aceite de aguacate
1½ tazas de caldo de pollo sin sal o agua

Para el pollo

1 pollo orgánico de libre pastoreo, limpio
1 cucharada de aceite de canola
1 taza de brotes de cilantro, lavados y desinfectados
1 cucharada de aceite de oliva
Una pizca de pimienta negra molida
2 limones amarillos, en cuartos

PREPARACIÓN

Para el adobo

Coloca todos los ingredientes en un procesador de alimentos o en tu licuadora y muele hasta obtener una mezcla homogénea con consistencia espesa. Rectifica el sabor con un poco de sal de ser necesario.

Para el pollo

Corta el pollo a través de la pechuga con unas tijeras, para abrirlo en mitades y poner a la parrilla. Colócalo boca abajo y presiónalo con firmeza desde el centro para romper los huesos y permitir que se mantenga abierto. Baña el pollo con la mitad del adobo y úntalo con las manos para impregnarlo con todo el sabor. Deja reposar tapado, dentro del refrigerador por 15 minutos. Coloca la otra mitad de la salsa en un sartén chico y hierve a fuego bajo por 10 minutos; mueve ocasionalmente. Reserva un poco de la salsa por separado para el momento de servir. Retira el pollo de refrigeración y cocina en tu parrilla ligeramente engrasada, a temperatura baja-media, de 20 a 25 minutos de cada lado, hasta que la carne esté firme y bien cocinada. Barniza el pollo con el adobo durante la cocción para evitar que se reseque. Una vez listo, retira el pollo de la parrilla, separa las piezas y sirve en un platón extendido. Agrega encima del pollo los brotes de cilantro, báñalo con aceite de oliva y espolvorea pimienta. Comparte y disfruta con limón amarillo.

TIEMPO	RENDIMIENTO	PORCIÓN
1 HORA	8	1 PIEZA

229.5	20.2	12.7	65	5.8	0.5
KCAL	PROT	LIP	COL	CH	FIB
10-5	143.8	0.8	0.9	5.2	1.4
CAL	NA	HIE	AGS	AGM	AGP

CELIAQUÍA

DIABETES

FLEXITARIANA

HIPERTENSIÓN

PALEO

blessing
gathering
gratitude
blessing
share
thanks

LONJA DE JUREL
CON HINOJO Y ECHALOTE A LA PARRILLA

INGREDIENTES

4 dientes de ajo, picados
3 cucharadas de jengibre, picado
6 echalotes, picados
1 taza de hojas de hinojo, lavadas, desinfectadas y picadas
Una pizca de sal de grano y pimienta negra recién molida
3 cucharadas de jugo de limón amarillo
3 cucharadas de aceite de oliva
1 cucharada de mantequilla sin sal
2 lonjas de jurel con piel 400 g (14 oz c/u aprox.)
Aceite en aerosol

PREPARACIÓN

Precalienta tu parrilla con carbón a temperatura media. Combina en un tazón los primeros 8 ingredientes y revuelve hasta incorporar y obtener una mezcla húmeda. Coloca las lonjas de jurel sobre una charola y cubre las superficies con la mezcla anterior. Cocina los pescados en tu parrilla por el lado de la piel, tapa, y deja cocinar por 15 o 20 minutos, aproximadamente, hasta que la piel esté crujiente y el pescado bien cocinado. Sirve el pescado en un platón grande y lleva a la mesa para disfrutar.

¿Por qué es necesario consumir grasas?
Inclúyelas con moderación en tu dieta, pues cumplen funciones biológicas importantes en el organismo: las vitaminas A, D, E y K son liposolubles por lo que solo pueden ser absorbidas y transportadas por medio de grasas.

TIEMPO

RENDIMIENTO

PORCIÓN

235	30.1	10.5	54	5.7	0
KCAL	PROT	LIP	COL	CH	FIB
40.2	131	2.4	2.9	4.3	3
CAL	NA	HIE	AGS	AGM	AGP

CELIAQUÍA

DIABETES

FLEXITARIANA

HIPERTENSIÓN

PESCETARIANA

PALETAS DE MANDARINA

CHÍA Y JAMAICA

INGREDIENTES

12 mandarinas (3 tazas de jugo + ½ taza de gajos)
1½ cucharadas de semillas de chía
½ taza de flores de jamaica, hidratadas
Chile piquín molido, al gusto

PREPARACIÓN

Corta 11 mandarinas en mitades y exprime el jugo; conserva en una jarra. Pela perfectamente la última mandarina, saca los gajos, córtalos en mitades y agrégalos al jugo. Incorpora semillas de chía y flores de jamaica; revuelve bien. Reparte la mezcla en 8 moldes para paleta y congela de 2 a 3 horas o hasta que estén completamente firmes. Disfruta con chile piquín al gusto.

¿Cúal es la función de los lípidos?
Son importantes para mantener la temperatura corporal, forman las membranas de las células.

TIEMPO	RENDIMIENTO	PORCIÓN
10 MIN	8	1 PALETA

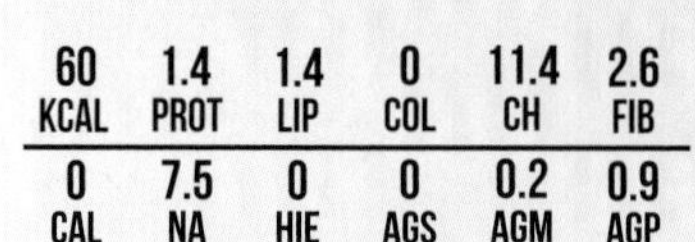

60	1.4	1.4	0	11.4	2.6
KCAL	PROT	LIP	COL	CH	FIB
0	7.5	0	0	0.2	0.9
CAL	NA	HIE	AGS	AGM	AGP

¡GRACIAS!

Movimiento Al Natural ha sido posible gracias a profesionales en diversas disciplinas que, desde un inicio, creyeron en los pilares del proyecto y se tomaron valiosos minutos para conocer los principios que mueven a esta comunidad. La pasión, el conocimiento y la entrega de cada uno de ellos en sus respectivas áreas han sido una total inspiración para seguir adelante y me han influido de manera positiva para llegar a más personas que buscan el bienestar por medio de un estilo de vida saludable y una alimentación a la medida de sus necesidades. A todos ellos, mi profundo agradecimiento y admiración, pues han hecho de este camino una experiencia inigualable.

Chef Alfredo Oropeza

Adriana Rodríguez
Especialista en alimentación paleo

Adriana Sandoval
Nutrióloga

Álvaro Cueva
Periodista y crítico de TV

Borja de Checa Mato
Mercadólogo

Cuché Alarcón Harfush
Campeón estatal del Ultramaratón de Florida y triatleta amateur

Dieter Le Noir
Especialista en medicina ayurveda

Fernanda Alvarado
Experta en nutrición

Fernanda Carrasco
Nutrióloga y *fitness personal trainer*

Fernanda Pérez Macusade
Especialista en niños

Fernando Soto Baquero
Delegado de la FAO en México

Gerardo Álvarez del Castillo
Dueño del restaurante Pan Comido

Gonzalo Alonso
Consultor y conferencista internacional

Karina Velasco
Especialista en alimentación crudivegana, chef naturista y *health coach*

José Calzada Rovirosa
Secretario de Agricultura

María Galindo
Health coach

María Prieto
Fitness coach

Mario Aguilar Sánchez
Comisionado Nacional de Acuacultura y Pesca

Max Villegas
Conductor de TV

Mónica Chastellain
Asesora de la Organización Mundial de Turismo

Monique Vinay
Health coach

Nathaly Marcus
Nutrióloga

Nora Toledano
Bióloga y nadadora en aguas abiertas

Norma Alcalá
Chef naturista

Patricia López de la Cerda
Conductora deportiva

Rodrigo Garduño
Fundador de 54D

Yuny Legorburo
Dueña de la pastelería orgánica, Ruta de la Seda

ÍNDICE DE RECETAS POR ORDEN ALFABÉTICO

ÍNDICE DE RECETAS POR TENDENCIA O RÉGIMEN ALIMENTARIO

AYURVÉDICA

CELIAQUÍA

CRUDIVEGANA

DIABETES

FLEXITARIANA

HIPERTENSIÓN

MESOAMERICANA

PALEO

PESCETARIANA

VEGANA

VEGETARIANA

Chef Alfredo Oropeza

El chef Alfredo Oropeza cuenta con estudios de gastronomía y negocios en prestigiosas instituciones de México. Lo respaldan más de 15 años de trayectoria gastronómica y mediática en importantes medios televisivos de habla hispana: Grupo Televisa, Univision, BBC, Discovery Networks y elgourmet.

Autor de *La nueva cocina saludable del chef Oropeza* (2003), *México saludable* (2009), *132 recetas para comer rico y sano* (2010) y *21 dietas 7 kilos menos* (2013); es director general de Foodmates, empresa dedicada a la elaboración de contenido multimedia especializado en cocina, salud y bienestar.

www.cheforopeza.com.mx

www.movimientoalnatural.com.mx

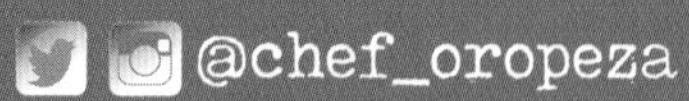